Nouvelles d'Irlande

nouvelles de
John Banville, Clare Boylan, Evelyn Conlon,
Desmond Hogan, John MacKenna, Aidan Mathews,
Harriet O'Carroll, Niall Quinn et Frank Ronan

rassemblées et présentées par
Michael Cronin et Louis Jolicœur

traduites de l'anglais par
Julie Adam et Louis Jolicœur

L'instant même

Maquette de la couverture : Anne-Marie Guérineau

Illustration de la couverture : Seán Hillen, *The Oracle of O'Connell St.,* 1995

Collage d'après John Hinde, etc. (reproduit avec l'autorisation de la Anya von Gösseln Gallery, Dublin)

Photocomposition : CompoMagny enr.

Distribution pour le Québec : Diffusion Dimedia
539, boulevard Lebeau
Saint-Laurent (Québec)
H4N 1S2

L'instant même
865, avenue Moncton
Québec (Québec)
G1S 2Y4
ISBN 2-921197-74-X

Dépôt légal — 1er trimestre 1997

Données de catalogage avant publication (Canada)

Vedette principale au titre :

Nouvelles d'Irlande

ISBN 2-921197-74-X

1. Nouvelles irlandaises — Traductions françaises. 2. Roman irlandais (anglais) — Traductions françaises. 3. Roman anglais — 20e siècle — Traductions françaises. I. Banville, John. II. Jolicœur, Louis, 1957-   . III. Adam, Julie, 1955-   .

PR8876.N6814 1997   823'.01080914   C97-940871-4

Avant-propos

L *'Irlande. On connaît celle des maîtres du passé*
auxquels la littérature de partout est si redevable
(Joyce, Wilde, Shaw, Beckett, Yeats et tant d'autres que
l'on considère encore trop souvent comme de grands
écrivains... anglais). Or si l'Irlande d'aujourd'hui est
également, et au premier chef, tributaire de ces extra-
ordinaires précurseurs, elle souffre à la fois du poids
de son passé. Le résultat de ce drame (par ailleurs bien
irlandais) est assez remarquable pour qui s'intéresse
à l'Autre qui est aussi nous-mêmes. Car pour sortir
de l'ombre que pourrait créer cette lourde paternité,
les écrivains irlandais de l'heure réussissent d'éton-
nants tours de force. Ils s'inscrivent nettement dans la
grande tradition littéraire de leur pays, mais ils ex-
plorent également de nouvelles voies, de nouveaux
regards, dans la foulée des grandes secousses de no-
tre fin de siècle que ces insulaires au verbe coulant et
à l'humour désarçonnant, comme toujours, vivent bien
à leur manière. C'est cette symbiose unique et saisis-
sante que la présente anthologie vise à faire connaître
davantage, au-delà des nombreux stéréotypes entou-
rant ce pays à la fois tragique et éthéré, et du lourd
héritage que les maîtres du passé ont légué non seule-
ment aux auteurs irlandais contemporains, mais aux
lecteurs de tous les horizons. Et c'est par un regard

en dents de scie sur l'Irlande d'aujourd'hui — ses paradoxes, ses mythes, ses fantasmes, son humour —, regard multiple d'écrivains souvent peu connus hors de leur pays, que ces Nouvelles d'Irlande, *souhaitons-le, nous rapprocheront un peu plus de la véritable Eire.*

Louis Jolicœur

MICHAEL CRONIN

Préface

Michael Cronin est né en 1960 à Dublin. Il est codirecteur de la revue culturelle *Graph*, membre fondateur et ancien président de l'Association des traducteurs irlandais et auteur de *Translating Ireland : Translation, Languages, Cultures* (1996). Il enseigne la traduction et la littérature à la Dublin City University.

$\grave{A}$ la recherche d'une définition de la nouvelle, le critique irlandais Seán Ó Faoláin, dans The Short Story (1948), choisit un critère qui paraît évident : « Surely, the obvious distinctive element in the short story — distinguishing it from every other art — is its shortness. » La brièveté est ici pourtant moins une question de quantité (certaines nouvelles sont des textes d'une longueur appréciable) que de perception. L'écrivain isole un personnage, un incident, un moment, et l'exploration de ces instantanés devient l'œuvre d'une vie, le pourquoi d'un art qui cherche à embrasser la totalité dans des fragments d'épiphanie, pour emprunter le lexique joycien. En cela, la nouvelle est un genre littéraire qui est moins l'avorton d'une modernité en quelque sorte ratée (les peuples « développés » érigent les gratte-ciel romanesques), que l'expression d'une sensibilité étonnamment contemporaine dans la recherche d'un sens holistique, à travers les débris de notre quotidien. C'est l'art fractal par excellence.

Le XXe siècle en Irlande dans le domaine de la prose est incontestablement celui de la nouvelle. Dans la période de l'après-indépendance, on lit le Joyce des Gens de Dublin plutôt que le Joyce d'Ulysse. Frank O'Connor, Mary Lavin, Liam O'Flaherty, Seán Ó Faoláin écrivent des nouvelles qui dressent des portraits sans fard de vies modestes loin du tintamarre des grands centres cosmopolites. Le lyrisme contenu de l'écriture et la justesse lancinante de la note

*affective rendent certaines de ces nouvelles exem-
plaires. Fortement influencée par ses avatars russes
et français, la nouvelle devient synonyme de la jeune
littérature irlandaise. À la différence de beaucoup
d'écrivains européens de cette époque (et de la nôtre),
dont on tolère le passage par la nouvelle en espérant
que vienne l'âge de raison, le moment de troquer les
infantiles ébauches pour les solides constructions du
roman, les Irlandais Lavin, O'Connor, Ó Faoláin ne
doivent leur réputation qu'à leur travail de nouvellistes
et nullement à une quelconque consécration ultérieure
de romanciers. D'ailleurs, pour des raisons linguisti-
ques (absence du roman en gaélique avant le XX*e* siècle)
et politiques (bourgeoisie locale sous l'emprise culturelle du pouvoir colonisateur), le roman n'a jamais eu
la vie facile en Irlande — ce n'est d'ailleurs pas éton-
nant que les romanciers irlandais les plus connus,
Joyce et Beckett, aient préféré saper plutôt que ren-
forcer les fondements du roman traditionnel.*

*Néanmoins, vers la fin des années soixante, la
nouvelle comme genre commence à s'essouffler.
Imprégnée de conservatisme formel, elle sent trop la
formule — les sujets varient peu, toujours les fameux
trois S : sin, soil et sex. En 1968, le quotidien* The Irish
Press *décide de consacrer une page par semaine à la
« nouvelle écriture irlandaise ». La direction en est
confiée à un ancien avocat, David Marcus, qui fait
preuve d'une grande ouverture d'esprit et surtout se
montre accueillant envers une nouvelle génération
d'écrivains qui s'impatiente des formes sclérosées et
des sujets bateau de la nouvelle dite classique. Comme
partout en Occident, les femmes font leur entrée en
force dans le domaine de la littérature. Les thèmes*

évoluent aussi. La réalité urbaine de l'Irlande (un tiers de la population de la République vit dans la région dublinoise) obtient enfin droit de cité, la nouvelle irlandaise se libérant ainsi de sa fixation au terroir et de son inguérissable passéisme. L'édition joue un rôle clé dans l'émergence d'une nouvelle sensibilité littéraire. Parce que l'indépendance politique n'avait pas été suivie d'une véritable indépendance culturelle dans le domaine de l'édition, la plupart des écrivains irlandais, jusqu'au début des années 70, étaient publiés par les maisons d'édition britanniques. À la longue, les conséquences en furent fâcheuses pour les écrivains irlandais qui, consciemment ou non, écrivirent des nouvelles susceptibles de plaire aux éditeurs anglais. Ceux-ci avaient leur propre idée sur l'Irlande et ils étaient attirés par l'exotisme d'un catholicisme puritain de terroir. La création de maisons d'édition irlandaises comme Poolbeg, Co-Op Books, Wolfhound, Brandon et Raven Arts Press, entre autres, donnait la possibilité aux écrivains irlandais d'aborder des thèmes et de pratiquer de nouvelles formes littéraires qui ne dépendaient plus du bon vouloir londonien. C'est ainsi que la fin de notre siècle verra une véritable renaissance de la nouvelle irlandaise, puisant sa richesse dans une attention toute particulière à la langue et à l'hétérogénéité déroutante d'une condition non seulement irlandaise mais humaine. La présente anthologie offre au lecteur un aperçu de cette diversité foisonnante.

John Banville, dans « De Rerum Natura », nous invite dans une contrée étrange qui est à deux pas du réel. Les acrobates qui visitent le père de George sont à la fois tout à fait prévisibles dans le monde désaxé du vieil homme et bizarrement inattendus. George et sa femme Lucy sont affolés par l'ampleur du désastre psychique du vieillard, mais George se trouve peu à peu entraîné dans l'univers insolite de son père. Le royaume de celui-ci, une maison délabrée et un jardin regorgeant d'activité végétale et animale, n'est pas sans revêtir un côté sinistre, les escargots engageant une marche funèbre autour de leur ancien maître étalé pour de bon dans l'herbe de son paradis terrestre. George se débat avec un destin lourd de sous-entendus mais ne résiste pas à ce lent ensorcellement de la nature, piégé non par rerum natura, *la nature des choses, mais par* naturæ res, *les choses de la nature. Officiant désormais solitaire de ce culte familial, George appelle la vie de tous ses vœux.*

Clare Boylan, dans « Le rôti », entreprend l'anthropologie de l'ordinaire, l'analyse minutieuse des gestes quotidiens qui expriment la douloureuse différence entre les sexes. Mais elle fuit la lourde rhétorique de la dénonciation pour une ironie malicieuse qui cerne les insuffisances de son principal personnage masculin, Edward, aux prises avec son rôti desséché et calciné. En fait, la nourriture, un peu à la façon de Noëlle Châtelet, devient la métaphore obsédante de la vie d'une femme, Susan, qui est en quelque sorte dévorée par les appétits inassouvissables de son mari et de Edward, son amant. Le portrait de l'égoïsme incorrigible de celui-ci, tout pétri de bons sentiments, démontre la singulière capacité de Boylan à capter des détails — des pensées fugaces, une inflexion de voix qui définissent l'essentiel d'un moment, d'un être. La communication dans cette nouvelle est loin d'être une affaire de transparence et les moments de traduction

*affective se trouvent presque toujours bloqués par la
maligne présence des* a priori. *Pourtant, la nouvelle
ne sombre jamais dans les larmes faciles du pathétique,
mais garde un humour rafraîchissant et décapant.*

*Conjuguer l'ironie et le désespoir semble être le
défi de la nouvelle « Avec le temps » d'Evelyn Conlon.
Nuala, qui se sépare de son mari, se heurte encore à
des préjugés dans une Irlande pas tout à fait libérée
de la tutelle religieuse. Ses collègues médisants se
trompent pourtant de cible. Nuala est moins gênée par
leurs critiques que par l'insoutenable lourdeur du
passé qui vient s'incarner dans la dernière image de
la nouvelle. La construction d'une vie, la recherche
d'une autonomie intellectuelle et affective sont toujours
choses précaires et la guérison définitive apparaît de
plus en plus aléatoire. Les transitions abruptes, les
questions posées à brûle-pourpoint, les clins d'œil
moqueurs font ressortir un certain désarroi de l'hé-
roïne qui pourtant se montre courageuse et résolue
dans ses choix de vie. L'écriture sobre reste en état
d'éveil comme si elle ressentait viscéralement ce
pénible et toujours incertain rétablissement de Nuala.*

*Desmond Hogan, pour sa part, est médusé par la
polyphonie du réel ; les couleurs, les bribes de conversation antérieure, l'au-delà qui traquent le présent.
Catherine, au moment de son accouchement, pense à
sa tante Madeleine et à sa liaison avec le mystérieux
Peter. La nouvelle, à travers le personnage de la tante,
évoque le monde à jamais disparu de l'aristocratie
anglo-irlandaise, dont les enfants terribles fourniraient
les cadres de la renaissance littéraire irlandaise au
début du siècle. Les souvenirs sont tout nabokoviens
dans le rappel des étés lumineux gorgés d'histoires et*

de papillons bigarrés. *L'accouchement de la mémoire
est pourtant difficile, comme la renaissance du rire.
La classe sociale à laquelle appartient Madeleine est
poursuivie par le fantôme de la grande famine de 1845,
les visages affamés troublant le festin des esthètes. Le
spiritualisme du grand poète Yeats se trouve ici trans-
posé dans la vie errante de Peter, l'amant de Madeleine, et le savoir crépusculaire se mue en cauchemar.
Catherine sent confusément que sa tante était atteinte
par un mal dont elle, Catherine, cherche à se délivrer,
en mettant son propre enfant au monde. Le titre pro-
met une naissance qui n'est peut-être pas une simple
répétition.*

L'univers d'Aidan Mathews oscille entre une pré-
ciosité marquée et un surréalisme délirant. « Le séminariste » raconte l'amitié entre un adolescent et un
jeune séminariste, son professeur d'anglais et de latin.
Leur amitié est particulière et le narrateur cherche à
comprendre la nature de l'intérêt du garçon pour son
professeur, un intérêt qui est réciproque. L'écriture de
Mathews se délecte de métaphores insolites, de phrases
assassines, mais elle sait aussi traduire le véritable désespoir, le désarroi affectif de ses personnages. Le récit
tourne autour des fragments — les mains du religieux,
le bateau du jeune garçon, les cartes postales lapi-
daires — pour faire ressortir la douleur toujours tacite
d'une relation impossible. L'érudition de Mathews a
un côté borgésien dans son goût du paradoxe, mais
Dada pointe son nez dans la juxtaposition cocasse des
arcanes théologiques et d'une scolastique de bas étage.
Le jeune narrateur est légèrement dérouté par le
savoir hétéroclite du religieux qui fait irruption dans
le tiède conformisme de son milieu de petit-bourgeois

banlieusard. Avec le départ de son professeur, le dé-
chiffrage ne fait que commencer.

Si la grille théologique de Mathews est bien catholique, celle de John MacKenna a des accents plutôt
protestants. Sa nouvelle est le cri de colère d'une
femme contre les tartufferies d'un certain type
d'évangélisme, où la vie se trouve happée par la gran-
diloquence des discours creux. L'ami de la narratrice
est trouvé noyé dans une rivière. Elle, la survivante,
refuse pourtant de jouer le rôle de la veuve éplorée,
entretenant pieusement le feu sacré de la mémoire. La
douleur de cette perte est trop vivement ressentie. Elle
jure, crie, blasphème. Elle rejette violemment l'hypocrite complicité de la béatification. Elle veut un corps,
non pas un cadavre. Dans une Irlande qui confond
volontiers martyre politique et martyre religieux, le
courroux de la narratrice se comprend d'autant plus
facilement que le corps lui-même fut par le passé plus
souvent objet de supplice que sujet de plaisir.

Le foyer est également un lieu à haut risque dans
le récit de Harriet O'Carroll. Mrs. Morrisey est sou-
mise à la tyrannie d'un quotidien régi par les impla-
cables besoins de son mari et les exigences de ses
enfants. Le jour du baptême n'est guère jour de fête
vu la situation de Rosaleen, fille-mère sans le sou et
condamnée à quitter l'école au plus vite. La religion est
moins une source de consolation pour Mrs. Morrisey
qu'une aire de repos. La messe est le seul moment de
la journée où elle peut souffler et se diriger vers ses
propres pensées. Quand, à un moment de cette journée particulière, elle cède et les larmes coulent, ses
rêveries quittent la grisaille de l'esclavage domesti-
que pour passer dans un monde polychrome, brillant.

Seul un rouge persistant indique la trace des passions meurtrières inassouvies.

Emmet demande à Angela, dans « Destins », si elle ne considère pas l'Irlande comme une autre déroutante excentricité anglaise... Angela la Parisienne n'en est pas à une bizarrerie près et la nouvelle esquisse la rencontre entre deux êtres qui, le temps d'un verre et d'un lit partagés, fêtent la singularité de leur jeunesse. La prose de Niall Quinn louvoie incessamment entre la légende et le réel et elle donne toute son épaisseur à une histoire qui pourrait paraître autrement semblable à mille autres du même type. Emmet et Angela fuient résolument le pathétique, et le pluriel de leurs destins semble évoquer d'autres possibilités, d'autres vies à vivre, d'autres rêves à consommer. La vie reprend certes ses droits et si en filigrane la nouvelle raconte la triste solitude du travailleur immigré, le souvenir d'un pas de danse restera inexpugnable.

Le désir dans « Le Canapé Volant » est surtout comestible. Le narrateur se console de ses déboires amoureux dans une gastronomie fastidieuse qui en fait sert de prologue à une autre rencontre. La restauration sert de théâtre aux révélations psychosexuelles, et le bonheur chez Frank Ronan a la légèreté des choses essentielles. La limpidité de l'écriture fait valoir la justesse de perception qui ne cherche pas à s'alourdir d'un sérieux de bon aloi. Les mots pour le dire sont pesés.

Les insulaires ont deux passions ennemies — l'obsession de la terre, de l'enracinement et la pulsion voyageuse. L'histoire de l'Irlande est marquée par de sanglants combats pour une terre maintes fois convoitée et par les incessantes pérégrinations d'un peuple dévoré par la curiosité de l'ailleurs. Maintenant que ces nouvelles irlandaises ont quitté la terre originelle de la langue pour entreprendre le voyage de la traduction, on ne peut que leur souhaiter une chose : un accueil favorable dans les contrées lointaines de la lecture.

© Michael Cronin

JOHN BANVILLE

De Rerum Natura

John Banville est né en 1945 à Wexford et vit actuellement à Howth, dans le comté de Dublin. Depuis 1988, il est responsable des pages littéraires du *Irish Times*. Son premier livre, un recueil de nouvelles intitulé *Long Lankin*, a paru en 1970. Il a depuis publié neuf romans : *Nightspawn* (1971) *Birchwood* (1974), *Doctor Copernicus* (1976), *Kepler* (1980), *The Newton Letter* (1982), *Mefisto* (1986), *The Book of Evidence* (1989, finaliste au Booker Prize), *Ghosts* (1993) et *Athena* (1995). La nouvelle « De Rerum Natura » (« De Rerum Natura ») est tirée du recueil *Long Lankin*, auquel elle a été ajoutée à la faveur d'une réédition en 1984.

Le vieil homme était en train d'arroser le jardin lorsque les acrobates apparurent. De façon assez inattendue, c'est le moins que l'on puisse dire. Des lutins ne l'auraient guère étonné, ou des farfadets. Mais des acrobates ! Il s'y habitua néanmoins, et les dernières semaines il en vint à les chérir plus que tout ce que le monde avait à offrir. Des semaines merveilleuses, les meilleures de l'année, journées étouffantes, baignées de soleil et du chant des alouettes. Il passait son temps dans le jardin, errant dans l'herbe qui lui montait à la taille, étourdi par la chaleur et l'impression suffocante d'être entouré d'innombrables vies, voyant grouiller autour de lui les fourmis, les oiseaux dans les arbres, les mouches d'un bleu éclatant, les lézards et les araignées, ses abeilles bien-aimées, sans parler de ces choses dites inanimées, la terre elle-même, toutes ces choses qui se reproduisent, qui éclatent, qui tuent. Parfois c'en était trop, et il prenait alors le boyau et inondait le jardin, hurlant dans un délire d'allégresse et de dégoût. Ce fut après une de ces séances qu'il vit pour la première fois les acrobates.

George et Lucy le reconnurent à peine. S'ils l'avaient trouvé dans le jardin, ils auraient pu le prendre pour un arbre, avec son teint acajou brûlé, et cette longue barbe couleur lierre grisonnant. Il avait cessé de se faire la barbe, de crainte de se faire aussi la gorge, un bon matin, et il n'avait aucune envie de leur donner par accident une excuse pour quelque orgie de deuil. De toute manière, on aurait dit à cette époque qu'il allait bientôt mourir de faim. Mais c'est alors qu'il découvrit que le jardin débordait de nourriture, des choux et de la rhubarbe, des pommes de terre, des framboises, toutes sortes de choses poussant sous les herbes. Il y avait même des roses, d'un rouge sang riche et étrange. Ses crises d'arrosage contribuèrent à toute cette croissance. Quel silence après le déluge ! Et au cœur du silence, l'écoulement furtif de l'eau glissant de la feuille à la tige à la racine, jusqu'à la terre desséchée.

Les acrobates apparurent à travers un brouillard de lumière éclatante, une troupe de petits bonshommes trapus en collants noirs rayés, les jambes arquées et poilues, des courroies de cuir sur les bras, et aux pieds de drôles de petits escarpins délicats. Une hallucination, pensa-t-il, convaincu qu'ils disparaîtraient aussitôt, ne laissant derrière eux qu'un léger éclat miroitant. Mais il se trompait. Ils installèrent leur trampoline et leurs barres parallèles dans la clairière au fond du verger et commencèrent à sauter et caracoler, frappant des mains et s'encourageant les uns les autres avec des cris enthousiastes. Allons-y ! Il n'y avait qu'une femme, grosse, aux grands yeux noirs, qui s'arrangeait pour être toujours au centre du spectacle bien qu'elle ne fît que poser, et ajuster ses cheveux, et montrer ses yeux brûlants. Leur première apparition fut brève, et ils s'en allèrent tout en sueur et haletants.

Le jour suivant, ils étaient de retour. Il était en train de s'occuper des ruches quand il vit à travers les arbres une forme humaine oscillant gracieusement sur le trampoline. Il put déjà observer une amélioration dans leur prestation. Ils finirent avec une pyramide humaine, un fragile édifice chargé d'une hilarité sans réponse. Il s'assit dans l'ombre d'un pommier et les regarda sauter et rebondir, se demandant s'il devait applaudir. À la troisième représentation, il apporta une casserole et une paire de fourchettes, avec lesquelles il se mit à tambouriner comme sur un tambour à timbre pendant les moments de suspense, juste avant l'acrobatie finale. La femme s'avança en se dandinant, l'air hautain, et s'inclina en un long salut.

Il décrivit avec emphase et force détails leurs cabrioles dans des lettres délirantes et messianiques qu'il mettait sans timbre dans la boîte aux lettres du village au cœur de la nuit, riant dans le noir à l'idée de la panique qu'elles allaient causer sur les tables de cuisine des membres de sa famille et de ses amis. Aucune réponse ne vint, ce qui l'étonna et l'irrita, jusqu'à ce qu'il se rendît compte que tous ceux à qui il avait écrit étaient morts, sauf son fils et sa belle-fille, qui arrivèrent en pleine campagne un midi au soleil de plomb, et assiégèrent son sanctuaire.

« C'est sûrement grave cette fois, dit George.

— Pas de timbre, dit Lucy. C'est bien lui ! »

La maison était silencieuse, les persiennes baissées. Ils frappèrent avec leurs poings et entendirent à l'intérieur le son d'un rire étouffé. Ils l'appelèrent, le prièrent d'ouvrir et allaient repartir quand soudain surgirent de retentissantes notes d'un piano désaccordé, suivies d'un grincement de roulettes sur la pierre. La porte tomba lentement au milieu du vestibule, et le vieil homme apparut, tout sourire, derrière le piano, ses yeux bleus brillant dans l'ombre. Ses vêtements étaient en lambeaux, ses pieds étaient nus et couverts de crasse. Il ressemblait à un bébé, la tête chauve, les jambes arquées, les yeux, les gencives, un bébé vieux et espiègle.

« Mon Dieu ! murmura Lucy, bouleversée.

— Eh oui ! c'est bien moi ! cria le vieil homme. Il exécuta une brève danse sur les dalles de pierre du plancher, sautillant et gesticulant, puis il s'arrêta et se mit à les fixer. Que me voulez-vous ? »

George s'avança vers lui, trébucha sur la porte étalée sur le sol, et rougit.

« Bonjour papa, cria-t-il, comment vas- tu ? »

Le ton chaleureux tomba horriblement à plat, et il se mit à blêmir. Bien que d'un certain âge déjà, George avait toujours l'air d'un écolier maladroit qui a grandi trop vite. La forme élancée de son corps donnait d'abord une impression de pâleur — des yeux, des mains, des cheveux. Lorsqu'il souriait, la pointe d'une langue étonnamment rouge apparaissait entre ses dents. Il y avait une tache d'œuf, comme un soleil jaunâtre, sur sa cravate. Le vieil homme le regarda sans enthousiasme et lui dit sarcastiquement :

« Toujours aussi désinvolte, hein mon Georgie ? Mais entre donc, allez, entre. »

Lucy ne bougea pas, figée de rage. Comment ce vieillard décrépit osait-il donner des ordres à son George ! Une rougeur chaude apparut sur son front. Le vieil homme lui sourit d'un air moqueur, et conduisit son fils au bout du vestibule.

Il leur fit visiter son royaume comme s'ils étaient des étrangers. La maison était sens dessus dessous. Il y avait des pigeons dans les chambres, des rats dans la cuisine. Cela ne le dérangeait nullement, dit-il. De la vie, partout ! Il leur raconta qu'il s'était enfermé dehors un jour et qu'il avait dû enfoncer la porte et la sortir de ses gonds pour entrer, et qu'il devait depuis pousser le piano contre la porte pour la tenir fermée. La vieille femme des collines qui s'occupait de lui s'était enfuie après cet épisode. Il vivait dans le salon, dans un repaire de vieilles couvertures, de journaux et de fils d'araignée, mais il sentait que sa présence irradiait vers chaque recoin de la maison comme une longue note de musique. Même les souris dans le grenier sentaient sa présence, il en était sûr.

À l'étage, dans le couloir, Lucy prit son mari par le bras et lui murmura férocement :

« Combien de temps encore allons-nous perdre ici ? »

George pencha la tête comme pour éviter un coup. Il regarda nerveusement le vieil homme qui se traînait les pieds devant eux et marmonna :

« Ça va, ne fais pas d'histoires, nous avons tout notre temps. »

Lucy soupira avec lassitude et ferma les yeux. C'était une femme assez forte, jolie encore, la poitrine abondante et expressive qui tremblait lorsqu'elle était en colère. Il y avait un éclat humide sur son nez et son menton, et elle dégageait une légère odeur de sueur. L'été ne lui allait pas.

« Dis-lui que nous l'emmenons, fit-elle. Dis-lui pour l'hospice.

— Lucy, c'est mon père, après tout. »

Il cessa résolument de la regarder et accéléra le pas. Une fois de plus, il remarqua comme cette maison était étrange, avec ses tourelles, ses pointes, ses boiseries roses et blanches, comme un immense gâteau d'anniversaire planté au milieu des champs. Seul son père s'était senti chez lui ici, alors que le reste de la famille rêvait à de vagues mais fébriles fuites dans un monde libéré de sa gaîté insidieuse et malveillante. George se souvenait, avec un frisson, de son enfance, la relative indigence, les railleries des villageois, les amis dans les maisons desquels il s'asseyait les mains pressées entre ses genoux osseux, pleurant d'envie en lui-même devant la simple et ennuyeuse normalité des vies où les pères en costume et cravate rentraient chez eux le soir, maussades et fatigués, pour retrouver leurs journaux, leurs pantoufles et leurs énormes repas du soir. Une porte au bout d'un couloir menait à l'une des tourelles, un petit espace de verre et de bois blanc, surmonté d'une étonnante petite flèche. C'est là, suspendu et isolé dans cette bulle de lumière, que le vieil homme avait passé ses jours à élaborer avec une logique implacable les détails de ses projets fous, oubliant la lente agonie de sa femme et le désespoir de ses enfants. George sentit vibrer en lui les premières fibres d'une rage confuse, et il revint dans le couloir. Son père s'approchait de lui en trottant.

« Attendez-moi là, je veux vous montrer les plans de ma distillerie. »

George s'arrêta.

« Ta distillerie ?

— Oui, avec des pommes de terre. Il y en a partout dehors. »

Lucy s'approcha derrière eux, tenta de retenir un fou rire aigu.

Ils déjeunèrent dans les décombres de la salle à manger : des carottes crues, des haricots, des montagnes de framboises, du miel. Lucy trouva des couteaux, des fourchettes et trois assiettes fêlées, mais le vieil homme ne voulut rien de cet attirail.

« Les animaux utilisent-ils des fourchettes ? » demanda-t-il, penché sur la table, les yeux grand ouverts.

Il avait mis son dentier. Cela lui donnait un air étrange, à la fois comique et sauvage.

« Alors, en utilisent-ils ?

— Nous ne sommes pas des animaux », dit-elle, l'air renfrogné.

Il sourit. C'était la réponse qu'il attendait.

« Oh oui ! nous sommes des animaux, ma fille, oui, de pauvres animaux à fourchettes. »

La poitrine de Lucy commença à s'enfler et son front s'assombrit. George, les jambes entortillées sous la table, se mit à chercher frénétiquement une façon d'éviter la discussion qu'il sentait venir.

« Dis donc... euh... pourquoi ne nous parles-tu pas de ces types que tu vois dans le jardin, ces acrobates ? »

Le vieil homme le regarda, sournoisement, se mit à grignoter une carotte et à marmonner. Puis il se redressa brusquement.

« Elles dansent, vous savez. Elles font un petit pas de danse particulier quand elles volent et cela indique aux autres où se trouve la source, à quelle distance, dans quelle direction, avec précision. Vous ne me croyez pas ? Je vais vous montrer. Ça, pour danser, elles dansent. »

Lucy regarda ébahie le vieil homme, puis George, puis le vieil homme à nouveau, et dans sa stupeur elle eut un moment d'égarement et mangea les haricots qui étaient sur la table à pleines mains.

« Qui ? » demanda-t-elle.

Le vieil homme lui lança un regard furieux.

« Qui quoi ? Les abeilles, bien sûr. Je viens de vous le dire. Les escargots aussi.

— Les escargots ! cria George, tentant désespérément d'avoir l'air étonné et intéressé, laissant échapper un rire nerveux comme s'il avait le hoquet.

— Berk ! » grogna doucement Lucy, dégoûtée.

Le vieil homme était offensé.

« Et alors ? Qu'avez-vous contre les escargots ? Ils dansent. Tout danse. »

Il prit un nid d'abeilles. L'épais sirop ambré coula lentement sur sa cuisse. Ses lèvres bougèrent sans émettre le moindre son pendant un moment, en quête de mots. L'effort était considérable, des dépôts apparurent aux commissures de ses lèvres.

« Cela prend six cents abeilles pour faire une livre de miel. Six cents, vous me direz que c'est pas mal, mais savez-vous quelle distance elles doivent parcourir ? Vingt-cinq mille milles. Vous le saviez, ça ? »

Ils firent non de la tête, lentement, fixant le vieil homme la bouche ouverte. Il tremblait, et soudain des larmes apparurent dans ses yeux.

« Pensez à tout ce travail, des milliers de milles, de fleur en fleur, tout ce travail, la reine qui engraisse, les œufs à couver, puis les gelées, des milliers de morts, un autre monde. Un autre monde ! Vous me direz que c'est l'instinct aveugle, cruel, comme une machine, les esclaves de la nature, et vous aurez raison ; mais écoutez-moi bien, qu'est-ce qui se trouve au centre de tout cela ? Comment cela fonctionne-t-il ? *Elles dansent !* »

Brusquement il sauta de sa chaise et commença à aller et venir dans la pièce, glissant et se courbant, chantant et riant, les larmes aux yeux, tenant dans les airs le nid d'abeilles et répandant le miel sur la table et les chaises, jusqu'à ce qu'il finisse par trébucher contre le garde-feu pour ensuite tomber au pied de la cheminée dans une tempête de poussière et de fils d'araignée.

« Pauvres animaux à fourchettes. Et elles dansent ! »

Les jours passèrent. Lucy et George nettoyèrent les fils d'araignée et les crottes de souris dans la grande chambre à coucher, et ils y passèrent les nuits chaudes, se réveillant toutes les heures pour entreprendre des discussions à sens unique. George ne savait que penser, il se laissait aller à une espèce de catatonie morale, il affichait un sourire figé, ricanait parfois sans raison. Une fois, il l'interrompit brusquement pour lui dire, d'un ton rêveur :

« Savais-tu que les baleines chantent ? Oui oui, dans les profondeurs de l'océan, des chansons. C'est ce qu'il dit. »

— George, ressaisis-toi !

— Oui oui. Mais tout de même... »

Le premier jour passé, le vieil homme cessa de faire attention à eux et retourna à la vie du jardin. Souvent ils voyaient l'eau cascader dans le verger, et entendaient ses hurlements. Quand il les rencontrait dans la maison, il les regardait furtivement et se souriait à lui-même, comme un homme reconnaissant des fantômes familiers et inoffensifs. La rage de Lucy se transforma en désespoir. Elle poussait son mari à prendre des décisions inévitables et définitives, mais il arrivait toujours à les éviter. La température était au beau fixe, du soleil toute la journée, pas un souffle la nuit. Elle devenait obsédée par sa personne, sa sueur, ses cheveux humides, sa chair brûlante. Les robinets de la salle de bains ne fonctionnaient pas. Elle sentait mauvais, elle en était sûre. Cela ne pouvait pas continuer.

« George, c'est lui ou moi, je suis sérieuse, fais ton choix. »

Sa tête s'enfonça entre ses épaules, il fit craquer ses jointures. Ce bruit lui donna envie de crier. Il dit :

« Qu'est-ce que tu veux dire, lui ou moi ? Je ne comprends pas.

— Tu comprends très bien.

— Ah oui ? Eh bien je n'en savais rien. »

Elle le regarda attentivement. Se moquait-il d'elle ? Ses yeux pâles évitèrent son regard. Elle changea de stratégie.

« George, je t'en prie, je n'en peux plus ici. Ne le vois-tu donc pas ? Je vais devenir folle. Je vais devenir comme lui, ou pire encore. »

Il la regarda enfin droit dans les yeux, pour la première fois, lui semblait-il, depuis qu'ils étaient arrivés, et elle vit dans ses yeux qu'il comprenait enfin qu'elle souffrait. Elle sourit et lui prit la main. La porte s'ouvrit brusquement et le vieil homme fit irruption dans la pièce en gesticulant.

« Elles forment un essaim, un gros essaim, venez vite ! »

Elle saisit son bras. Il lui sourit d'un air faussement complice et se défit de sa prise. Le vieil homme disparut du cadre de porte. George courut après lui. Lorsqu'il fut au jardin, il n'y trouva personne. L'air vibrait d'un bourdonnement profond et inquiétant. Il trébucha contre les églantiers et les hautes herbes, aboutit au verger, se penchant pour éviter les branches. Le vieil homme était couché sur le dos parmi les ruches, les yeux grand ouverts, le boyau entre les mains, l'eau se dressant juste au-dessus de lui et lui retombant en plein visage. George s'étendit à ses côtés, sous le jet d'eau. Le verger frémissait autour de lui. Sous le soleil, tout était ombres et croissance, verdure, tiges, lichen, pourriture et broussailles. Il fixa son regard sur les épines et l'humus trempé, les feuilles mouillées, le cœur pourpre des roses. Son corps glissait sur le sol. Puis il vit les escargots. Ils étaient partout sur l'herbe humide, sur les feuilles, les arbres, collés sur de longues tiges de foin, brutes noires ou argentées sortant de leurs coquilles comme en extase, leurs antennes gluantes pointant et s'entrelaçant. C'était une danse. Les escargots dansaient. Un nuage noir d'abeilles s'éleva des ruches et monta bruyamment dans le ciel. Le vieil homme était mort.

George était debout dans la chambre à coucher.

« Je ferais mieux de rester ici un jour ou deux, dit-il ; je vais ranger un peu. »

Elle fit oui de la tête, l'air absent, marchant dans la pièce, ramassant des choses, un journal, des vêtements, un bâton de rouge à lèvres. Elle s'occupait à peine de lui, évitait ses yeux.

Il était dans le salon et la regardait trottinant vers la voiture, maladroite dans ses talons hauts, puis il descendit et poussa le piano contre la porte.

Il faisait un temps radieux, le soleil plombait, les alouettes chantaient, une chaude vapeur de lavande montait des prés, le silence vibrait contre l'air du soir, puis la nuit, le noir glacé et le pâle reflet de la nuit, Sirius montant dans le ciel, une brise grisâtre à l'aube.

Il passait son temps dans le jardin, s'occupait des roses, des légumes, des ruches. Parfois il prenait le boyau et arrosait les plantes desséchées, les arbres, la terre, puis il restait assis des heures durant à étudier la vie grouillant autour de lui, les araignées, les oiseaux et les mouches, ses abeilles adorées. Un essaim se forma dans un coin du salon, sous le plafond. Cela lui plaisait. De la vie, partout.

Traduction de Louis Jolicœur

CLARE BOYLAN

Le rôti

Clare Boylan est née en 1948 à Dublin. Elle est journaliste et écrit également pour la radio et la télévision. Son premier roman, *Holy Pictures*, a paru en 1983. Elle a publié deux recueils de nouvelles, *A Nail in the Head* (1981) et *Concerning Virgins* (1989), ainsi que quatre romans : *Holy Pictures* (1983), *Last Resorts* (1984), *Black Baby* (1988) et *The Agony and the Ego* (1993). La nouvelle « Le rôti » (« Housekeeper's Cut ») est tirée de son recueil *A Nail in the Head*.

Edward ne se lassait pas de regarder dans son réfrigérateur. Cela lui donnait la foi. Cette curieuse sensation papillonnait dans sa poitrine, un peu comme s'il avait entendu des cantiques ou reçu une carte de Noël. Ce n'était pas une foi religieuse. Edward était trop modeste pour cela. Il éprouvait plutôt un sentiment auquel il n'avait jamais aspiré de toute sa vie, la foi en des choses ordinaires.

Il y avait du beurre, du bacon, des œufs, du lait et de la crème glacée, ainsi qu'une masse confuse de légumes : carottes, chou, oignons, champignons. Il les avait achetés sans réfléchir dans un marché en plein air, avait fièrement rempli son filet à provisions de vagues racines terreuses avec l'air de celui qui sait exactement ce qu'il fait. Il ne connaissait aucune application pratique à d'aussi primitives denrées. Elles auraient aussi bien pu servir de matraque chez des hommes vivant dans des grottes. Il était habitué aux aliments vendus sous emballage plastique qui, lorsqu'ils sont plongés dans l'eau bouillante, parviennent parfois à imiter un repas.

Il savait tout de même — comme l'aveugle sait que le monde est bleu et gris au-dessus de sa tête, vert et gris sous ses pieds, et que la partie supérieure présente moins de risques — que ces aliments participaient à l'essence des choses et qu'il était dans la bonne voie.

Edward appréciait tout particulièrement son rôti. Il occupait la place centrale du réfrigérateur, enveloppé de papier kraft. Il l'avait observé pendant plusieurs minutes à travers la vitrine des viandes avant d'entrer à grands pas dans la boutique et de le réclamer, ce qu'il avait fait en pointant la chose du doigt, faute de pouvoir la nommer. Le prix l'avait sidéré : plus de quatre livres. Ni pauvre ni mesquin, il était simplement habitué à donner une livre pour une tranche ou deux de rosbif, ou pour deux saucisses italiennes, à l'épicerie fine, et on lui rendait toujours beaucoup de monnaie. Maintenant que le rôti était sien, il pouvait constater que ce beau morceau de viande et de gras enroulé d'une ficelle valait bien son prix ; il entendait déjà le sifflement des couteaux qu'on aiguise, le cliquetis des plats qu'on racle, comme les bruits de bataille qu'imagine un enfant en écoutant sa leçon d'histoire.

Généralement, Susan et lui se voyaient entre les heures de repas. Elle était épuisée à force d'inventer des prétextes, et il devait lui donner quelques verres de vin pour qu'elle ressemble à celle qu'il imaginait lorsqu'elle n'était pas là. Elle maugréait contre les besoins de ses enfants, les requêtes de son mari, son insatiable appétit pour les côtelettes et les pommes de terre et les tartes aux pommes. Sa vie entière, semblait-il, était réduite à satisfaire aux lourdes nécessités alimentaires de son mari : elle voyait dès l'aube à extraire les vitamines des oranges, et s'éreintait durant la journée à porter d'énormes sacs d'épicerie. Elle consacrait ses après-midi à peler, râper, tamiser, faire mariner. Au bout d'un moment, ses traits accablés s'adoucissaient, et elle disait : « Si c'était pour toi, tout serait différent. J'y pense toujours quand je fais la cuisine. Je fais comme si c'était pour toi. » Puis elle s'approchait de lui et posait son visage sur ses lèvres. Elle s'asseyait à califourchon sur ses cuisses, comme sur un jeu de bascule. « Si tu restais avec moi, disait-il, je t'accorderais six mois de grand luxe. Ensuite je te mettrais au travail. »

C'est ce qu'il faisait parfois, simplement pour la regarder, pour s'amuser. Il l'installait près de la cuisinière avec de la crème et des champignons, de petites bouchées de poisson, des choses savoureuses.

Elle était trop fatiguée. La nourriture brûlait, les champignons devenaient caoutchouteux. Ou encore ils oubliaient. Il arrivait derrière elle et l'enlaçait, elle pivotait et s'abandonnait dans ses bras. Lorsqu'ils étaient au lit, des odeurs de brûlé et des échos de musique leur parvenaient du rez-de-chaussée.

Il trouvait en elle un amour qui ne demandait qu'à être exploité, et s'il ne voulait pas la blesser, il se retrouvait néanmoins dans la position de celui qui se plaint de sa vie peu confortable : les repas qu'il prenait au restaurant, en compagnie de gens sans importance, dans le seul but de passer la soirée. Il dînait presque toujours à l'extérieur parce qu'il se sentait seul chez lui sans elle. Elle ne l'interrogeait jamais sur ses compagnons, mais sur la décoration intérieure des restaurants, l'apparence des menus et, ensuite, les détails du repas. « Qu'importe où je vais, disait-il, ça ne vaut rien si tu n'es pas avec moi. »

À son retour en ville, il l'oubliait. Il y avait bien des moments où il sentait un vide en lui, qu'il reconnaissait comme étant la place qu'elle avait occupée, mais il avait toujours su que leur histoire se terminerait un jour. L'amour était pour lui un plaisir saisonnier, comme les rayons du soleil. Seul un barbare se serait attendu à ce que le soleil brille à longueur d'année.

Elle l'appelait d'une cabine téléphonique. Sa voix était comme la mer dans un coquillage. Il se rappelait qu'ensemble ils avaient éclaboussé leur bonheur sur une pâle toile, mais il savait aussi qu'elle perdait son éclat lorsqu'elle était seule, sans lui. La dernière fois qu'ils s'étaient quittés, il l'avait regardée partir en courant, silhouette accablée, en proie au désarroi, esprit fuyant l'exorcisme. Il écoutait la cascade des pièces suivant les instructions de la téléphoniste et, après un silence, sa voix fatiguée : « Tu me manques. » Il l'imaginait coiffée d'un foulard, un sac d'épicerie à la main et de jeunes enfants cherchant à s'agripper à elle de l'autre côté de la vitre.

Il était chez lui à présent, occupé, entouré de gens qui savaient jouir des plaisirs de la vie — converser, faire l'amour — tellement mieux que quiconque vivant en province.

Même Susan, qu'il avait gagnée avec la détermination du saumon remontant les rivières, portait en elle un désespoir moelleux qui l'appelait : « Viens, comble-moi, je n'ai rien d'autre au monde. »

Un jour, sa voix au téléphone parut changée : « J'arrive », annonçait-elle. Il fronça les sourcils contre le combiné qui émettait cette voix pétillante. Il n'avait pas envisagé cette possibilité. Elle était trop solidement ancrée à ses sacs d'épicerie. « Deux jours entiers », continuait-elle entre ses éclats de rire, détaillant des prétextes et des machinations si complexes qu'il sut qu'elle aurait creusé un tunnel de ses propres mains pour le rejoindre s'il avait fallu. « C'est très bien, dit-il sans conviction. J'ai hâte de te voir. » Ce n'est qu'après avoir raccroché, encore balayé par les échos de sa joie excessive, qu'il saisit véritablement ce qu'elle avait dit. Elle se débarrassait, pour un temps, de toutes ces bouches béantes qui s'en remettaient à elle pour être nourries. Elle les avait mises de côté. Elle venait chez lui faire son véritable devoir. Il fut pris d'une tendre agitation à la pensée de sa fragile silhouette qui se précipitait consciencieusement d'un foyer à l'autre, image vite remplacée par celle de ses propres carences, qui demandaient à grands cris d'être soignées. Il voulait qu'elle s'occupe de lui.

À son arrivée à la gare, elle était vêtue d'un timide tailleur : une femme de province en visite touristique. Elle lui adressa un sourire insouciant sous son chapeau. D'inquiétants œillets bleus surgissaient tout autour de sa tête. Elle posa ses valises et courut se jeter dans ses bras. Ses pieds battaient l'air étourdiment, et chaque fleur de son chapeau se courbait comme le cou d'un héron. Elle atterrit sur lui avec un bruit sourd, et il sentit aussitôt sa bouche, sa langue avides de caresses. Il la tenait patiemment dans ses bras, usant de son expérience d'homme pour broyer la pierre qui bloquait sa poitrine, de déception, à l'idée qu'elle ne lui avait ménagé aucun appui solide pour répondre à ses besoins.

« Regarde ! » À tout moment elle frappait la fenêtre de la voiture de son doigt ganté, montrant des pigeons, des églises, des grands magasins. « Mais regarde ! »

« Tu ressembles à une touriste », dit-il.

Elle se tut pour le reste du voyage. Elle n'avait jamais visité la ville.

Arrivée dans son appartement, elle fit le tour des pièces, examina ses vêtements dans la penderie, tapota le lit, essaya chaque fauteuil. Il fut étonné de voir qu'elle s'asseyait enfin sans même avoir jeté un coup d'œil dans le réfrigérateur.

« Qu'est-ce qu'on fait ? » demanda-t-elle.

Elle était affalée dans un fauteuil de cuir rouge, sa jupe blanche ramassée sous les cuisses. Il se serait attendu à ce qu'elle se dirige plutôt vers la cuisine et s'occupe du rôti. Il voyait déjà la généreuse pièce de viande dans un plat, entourée de pommes de terre et d'oignons. Il voulait l'observer au travail, penchée près du four, son front rose plissé, ses cheveux raides frisottant autour de son visage. Il avait acheté un tablier pour elle, un tablier blanc orné d'un volant noir et rouge. Il l'avait accroché à un clou, à côté de l'évier. Il ne savait pas exactement comment ils occuperaient tout ce temps devant eux. Elle était mariée, pas lui, elle savait donc mieux que lui comment planifier son temps. Il s'était vaguement figuré que les femmes aimaient s'affairer dans la maison, préparer des bouquets de fleurs, cuire des gâteaux, remuer une sauce mijotant sur la cuisinière, et qu'il revenait à l'homme de baliser ce rituel de différents raffinements : musique, apéritifs et baisers occasionnels, créant un espace agréable, une intimité propice à leurs jeux amoureux.

Il ne tenait pas absolument à ce scénario. L'idée qu'elle préfère lire un roman, faire une sieste ou s'asseoir sur ses genoux ne le dérangeait guère. Ce qui lui importait davantage, c'était que leurs activités de l'après-midi soient accompagnées d'arômes subtils, de bruits secs de crépitement et du délicieux picotement qu'allait apporter à leurs sens la cuisson du rôti.

Il lui demanda si elle avait faim, elle répondit oui et se leva aussitôt pour lisser sa jupe. Elle sortit un miroir de son sac et regarda son visage, pinçant les lèvres, cherchant minutieusement l'erreur. Il la prit par la main et l'entraîna vers la cuisine. Il ouvrit la porte du réfrigérateur d'un grand geste, comme s'il avait tiré le rideau d'un théâtre, et elle contempla, saisie, l'abondance de nourriture.

« Mais que vas-tu faire de tout ça ? demanda-t-elle, ce qui le fit rire.

— Il y a des viandes froides et du fromage. On pourrait en faire un casse-croûte. »

Elle continuait à fixer le réfrigérateur d'un air mélancolique pendant qu'il sortait les tranches de jambon, la salade de pommes de terre, puis le triangle de brie coulant.

Après avoir dressé la table et ouvert une bouteille de vin, il constata qu'elle était restée clouée sur place devant le réfrigérateur ouvert, avec cette expression typique de la femme au foyer, certainement en train d'évaluer les aliments, de planifier les menus, songea-t-il. « Ça, dit-il en montrant sa pièce de viande comme s'il s'agissait d'un joli colifichet exposé dans la vitrine d'une bijouterie, c'est pour ce soir. » Elle s'assit à table sans mot dire. Il sentait, comme elle mangeait son jambon et ses pommes de terre et faisait tourner le vin dans son verre, qu'elle était déçue. Ce sentiment le gagna lui-même et il but stoïquement son vin tout en se blâmant intérieurement. Il avait sans doute devancé ses plans de repas. Peut-être avait-elle prévu le surprendre avec une soupe maison. Elle leva vers lui des yeux ternes par-dessus son verre de vin. Elle n'était pas comme d'habitude, débordante de complaintes joyeuses et d'amour haletant. Elle était mal à l'aise et triste.

« On ne sort pas ? » demanda-t-elle.

Cette idée lui parut absurde. Alors qu'ils profitaient enfin d'un moment d'intimité, elle voulait se précipiter dans le froid, où ils seraient divisés par les éléments et les regards curieux des étrangers.

Il l'emmena au parc, où ils se blottirent sous les arbres pour se réchauffer, regardant les joueurs de cricket et, au loin, une famille de cerfs qui ressemblait à un tas de branches mortes. Il avait apporté une boîte de bonbons qu'elle lui avait envoyée. C'était un geste sentimental, avait-il cru, de garder la boîte pour la partager avec elle. Mais il se rendait compte, en défaisant l'emballage, qu'il n'était peut-être pas délicat de sortir les bonbons après si longtemps. Elle penserait qu'il n'en avait pas voulu. Il posa la boîte ouverte sur l'herbe. Au bout d'un instant, les bonbons étaient couverts de fourmis.

De retour chez lui, il était fatigué et commençait à avoir faim. Susan voulait prendre un bain. Il sortit la viande du frigo et la posa sur le comptoir, dans un plat. Il s'aventura à peler quelques pommes de terre. Il prit une poignée de panais jaunissants qu'il plaça dans un bol, près du mélangeur. Le tableau fut complété par une petite boîte de curry bleue. Un jour, au restaurant, on lui avait servi une soupe de panais au curry, et cela avait été délicieux.

Lorsqu'elle le rejoignit dans la cuisine, elle portait une robe noire qui descendait jusqu'aux pieds. Sa bouche était masquée de magenta. Il l'enlaça puis embrassa son cou immaculé, mais elle se défit de son étreinte et montra du doigt les ingrédients alignés.

« Qu'est-ce que tu fais là ? demanda-t-elle.

— Juste des petites choses », confessa-t-il avec un sourire.

Son regard allait et venait, de lui à la nourriture. Ses mains, remarqua-t-il, tortillaient le cordon d'un petit sac de soirée.

« Je croyais, dit-elle, qu'on allait sortir.

— Pour aller où ? fit-il, exaspéré.

— Je ne sais pas, dit-elle, comme ses épaules s'affaissaient ; au théâtre, au restaurant. »

Il ne pouvait pas la calmer, la ramener aux vraies priorités.

« Tu veux vraiment sortir ? »

Elle fit oui de la tête. Poussant un soupir, il alla téléphoner au théâtre pour réserver des places. Lorsqu'il revint dans la cuisine, il vit que ses préparatifs avaient été retirés du comptoir et remplacés par une modeste assiette de tartines et une théière.

En ville, elle était heureuse. Elle sirotait des cocktails et riait de toutes ses dents, haussant les sourcils d'un air espiègle. Bien que sa robe ne fût guère appropriée pour le théâtre, ni pour quoi que ce fût en fait, elle portait son bonheur avec dignité. Les hommes la regardaient, des vieux, des jeunes, des bruns, des gris. Elle en était consciente mais n'avait d'yeux que pour lui. Il croyait comprendre à présent. Elle était sûre d'elle-même dans ce territoire neutre. Elle ne voulait pas qu'il l'arrache à leur passé complexe. Ici, elle était une femme seule, et elle voulait qu'il lui fasse la cour. Il lui prit la main, l'embrassa sur la joue, respirant au passage des effluves de gin et de parfum. Il éprouva du désir. Cette montée soudaine du désir était une sensation nouvelle, qui ne l'avait pas effleuré lorsqu'ils se trouvaient dans le parc ou enfermés chez lui. Il avait éprouvé de l'amour et de la compassion, mais aucun frisson égoïste.

Il l'observait pendant la pièce, composant sa propre histoire, l'imaginant libre et insouciante, selon ses besoins à lui, ce que ses rires sonores laissaient d'ailleurs croire dans son entourage.

Ensuite, il la ramena aussitôt à l'appartement. Elle regardait constamment à travers la fenêtre, comme une enfant. Lorsqu'ils furent arrivés, elle remarqua d'un ton agité : « Mais nous n'avons encore rien mangé, enfin pas vraiment. » Il ne se préoccupait cependant plus de nourriture. D'ailleurs, le frigo était rempli. Elle fit cuire des œufs et un sachet de petits oignons en sauce, surgelés. La combinaison était étrange, mais il porta la nourriture à sa bouche et la qualifia de délicieuse.

Ils allèrent au lit et firent l'amour avec avidité et passion. Ils poussèrent des cris furieux en jouissant. Ils n'arrivaient pas à trouver leur amour.

« Je t'aime, dit-elle.

— Oui, dit-il. Oui. »

Puis ils restèrent silencieux, pensant chacun pour soi : « Ce sera différent demain. »

Le lendemain, elle se leva tôt pour lui préparer son petit déjeuner. Ses orteils craquaient de joie comme elle s'étirait pour atteindre le café et la marmelade posés sur les tablettes du haut. Elle se sentait tout enroulée autour de lui, comme un cardigan. Elle attendait que le café bouille, lorsqu'elle sentit un liquide tiède couler sur ses pieds : c'était sa semence, qui se détachait d'elle langoureusement. Elle éprouva un infime sentiment de perte ; elle aurait voulu tout garder en elle, devenir enceinte.

Edward devait travailler après le petit déjeuner. Il ne s'inquiétait pas de la laisser seule. Elle semblait heureuse à battre les oreillers et à remettre de l'ordre dans la cuisine. Il s'entendit même siffler en se penchant sur sa table à dessin. Après quelque temps, elle vint s'asseoir près de lui. Elle venait de se laver les cheveux et les lissait à grands coups de peigne devant son visage, avec un petit bruit de grincement. De longs cheveux noirs fouettaient l'air et venaient se coller sur les vêtements d'Edward. Il ne pouvait pas travailler. Il lui lança un regard irrité, sur quoi elle s'éloigna. Elle revint chaussée de talons hauts et vêtue d'un tailleur bleu — un costume plutôt, pensa-t-il —, le visage plâtré de fard. Elle apportait des tasses de café. En posant celle d'Edward sur la table, elle chercha furtivement sa main, et bien que cette étreinte fût chaude et ferme, il y avait en chacun d'eux un tremblement qui se répercutait jusque dans leurs paumes. « Maintenant, pensait-il, on pourrait aller au lit, on pourrait faire l'amour. » L'idée lui semblait opportune ; ils avaient toujours fait l'amour de jour. Mais l'armure aux couleurs vives le tenait à distance.

« J'aimerais bien, dit-elle, visiter les sites historiques. »

Sa main laissa celle de Susan et vint se réchauffer contre sa tasse de café.

« Il n'y a rien à voir en ville, tu peux me croire, dit-il sans la regarder. On pourrait manger un morceau tranquillement, en écoutant de la musique. On pourrait se faire la lecture.

— Mais je suis à Londres ! protesta-t-elle.

— Vas-y si tu veux, dit-il en pensant qu'elle changerait d'idée. J'ai encore un peu de travail. Je n'ai pas du tout envie de faire du tourisme. »

Cette fois il la regarda et vit son visage rond et doux, qui masquait un énorme dépit sous une expression de résolution encore plus grande. Elle l'embrassa sur la joue ; il aurait voulu goûter le sel de sa bouche, mais elle était si différente à présent, elle manquait tellement de bonne humeur et de générosité que même le goût de sa bouche, pensa-t-il, avait peut-être changé. Elle fila vers la sortie, aussi vite que le lui permettaient ses talons hauts, et il entendit la porte claquer tristement.

Il n'arrivait pas à travailler. Son exaspération l'empêchait de se concentrer. Des pensées s'insinuaient en lui, tels des chuchotements malveillants. Il les chassa comme autant de guêpes bourdonnant à son oreille.

Il était clair dans son esprit, depuis longtemps déjà, que c'était elle qui l'aimait véritablement. Elle ne demandait rien en retour et savait que rien n'était possible entre eux. Lorsqu'ils s'étaient quittés, il avait goûté la douleur de leur séparation comme un sentiment authentique. Ils étaient divisés par cet étranger, ce vrai professionnel qu'était le Destin. Il n'y aurait pas d'arrière-goût, seulement une peine bien propre, étincelant comme de l'acier inoxydable autour d'un noyau de bonheur parfait, sûr et protégé. Il était satisfait de cette conclusion. Il aurait continué de l'aimer jusqu'à sa mort, dans un petit coin de son esprit.

C'était elle qui était revenue comme un esprit vengeur pour le mêler à sa triste vie, pour se moquer de son destin et lui faire voir, depuis quelque voile d'inaccessibilité, l'ampleur de sa propre solitude.

Il voulut se faire à manger. Il n'y avait rien dans le réfrigérateur qu'il pût décoder. Tandis qu'il explorait le contenu des papiers d'aluminium dans l'espoir de trouver quelque morceau de fromage oublié, il entendit un bruit provenant du jardin.

Susan était au restaurant, assise devant un éclair au chocolat qu'elle brisait avec le côté de sa fourchette. Elle avait pris un taxi pour se rendre au musée de Madame Tussaud et au Planétarium. Il y avait aux deux endroits une longue file d'étrangers devant l'entrée et un homme qui vendait des ballons montés sur une tige pour cinquante pence. La situation n'inspirait rien de merveilleux, aucun sens de la découverte. Ces gens ressemblaient à ceux qui font la queue pour s'approvisionner en temps de guerre. Elle aurait voulu qu'il l'emmène dans un musée célèbre et lui montre ses peintures préférées. Inutile d'y aller seule : elle ne comprenait jamais les tableaux, cherchant toujours à voir les scènes telles qu'elles étaient dans la vie réelle.

Elle quitta la file stoïque et s'en retourna à la station de taxis. Elle n'avait aucune idée de l'endroit où elle pourrait aller. « Bond Street », dit-elle au chauffeur, parce que ce nom lui était agréable à l'oreille. Elle ne savait pas où cela se trouvait, mais il lui semblait, à mesure que défilaient les rues comme des bandages rouges et gris, qu'on l'emmenait de plus en plus loin d'Edward. Lorsqu'ils furent arrivés à Bond Street, le chauffeur la fit sortir de la cage sombre. Elle tenta de passer un éventail de billets à travers la fenêtre coulissante, derrière la nuque du chauffeur, mais il lui fit signe, suspicieux, de descendre de la voiture et de payer par la fenêtre de côté.

Elle marchait d'un pas chancelant devant les magasins élégants. Elle mourait d'envie d'être avec Edward, de sentir sa main ou même la toile de son blouson ; et puis, par esprit de contradiction, elle s'ennuyait de sa maison, des tartines des enfants, du savoureux pâté à la viande préparé pour son mari. Elle comprenait leurs besoins, savait comment y répondre. Après avoir erré dans plusieurs rues, elle entra dans un café et commanda une pâtisserie. Une larme tomba dans son assiette, et elle n'en voulut plus. Elle retournerait chez Edward, se promit-elle. Elle lui parlerait.

Il était devant la fenêtre, les épaules courbées, penchant la tête intelligemment, ses cheveux illuminés jusqu'à la transparence par un rayon de soleil. Elle était entrée sans qu'il s'en rende compte, avec la clé qu'il lui avait donnée. L'observant par derrière, elle eut soudain l'impression qu'elle s'était vidée complètement pour laisser place à un amour de plomb, un lourd fardeau.

« Je veux te parler, dit-elle.

— Chut ! fit-il sans se retourner.

— Edward ? » supplia-t-elle.

Il se tourna vers elle. Son visage était blanc, horrifié.

« C'est un oiseau, dit-il.

— Qu'est-ce que tu racontes ? »

Elle s'approcha de la fenêtre pour jeter un coup d'œil. Elle vit un gros chat au poil broussailleux qui se tenait au pied d'un arbre, le dos rond. Elle courut vers la porte de derrière, se précipita dans le jardin et dévala le petit chemin.

L'arbre était enfoui à sa base sous une épaisse couche de feuilles qui bruissaient doucement, et elle vit en s'approchant que les feuilles s'agitaient sans cesse, comme mues par un lent moteur caché sous terre. Puis elle aperçut un oiseau gris, sans beauté, couché en position oblique, qui tentait désespérément de remuer son aile meurtrie. Le chat menaçait sa victime d'un regard de convoitise. Elle prit l'animal, le posa sur le mur et lui donna de petites tapes sur l'arrière-train pour qu'il saute dans le jardin voisin. « Apporte-moi une boîte ! » cria-t-elle au visage blanc et immobile derrière la fenêtre. Il s'avança avec une boîte à chaussures. Elle la lui arracha des mains, la tapissa de feuilles et y fourra l'oiseau blessé. Elle rabattit violemment le couvercle sur la tête de l'oiseau et emporta la boîte à l'intérieur. Elle ressemblait, pensa Edward, à une ménagère qui vient de trouver quelque ordure désagréable et entend bien s'en défaire ; mais une fois à l'intérieur, elle s'assit puis déposa les feuilles et l'oiseau dans son giron de lin bleu. Elle tenait l'oiseau dans le creux de ses mains et chantonnait doucement dans ses plumes froides et humides.

Il apporta du thé à Susan et le lui fit boire, portant lui-même la tasse à ses lèvres. Elle s'occupait de l'oiseau comme d'un bébé, faisait de petits bruits avec sa bouche, se berçait dans son fauteuil, comme il lui était arrivé de faire avec Edward. Il fut saisi d'un tiraillement de jalousie.

« As-tu passé une bonne matinée ?

— Oh oui », répondit-elle d'une voix distante, tout en se berçant.

Il voyait bien qu'elle était dans son élément. Il était exclu. Il écrasa des miettes de pain dans un bol de lait et en porta de petites cuillerées au bec asséché de l'oiseau. Ce dernier semblait endormi. Elle écarta la main d'Edward et rangea l'oiseau et les feuilles dans la boîte.

« Ouvre la fenêtre de ta chambre », dit-elle.

Elle le suivit à l'étage et posa la boîte ouverte sur le rebord de la fenêtre.

« Si son aile n'est pas cassée, il va s'en aller.

— Mais si elle est cassée ? dit-il d'un ton anxieux.

— Il va mourir », répondit-elle.

Plus tôt dans la matinée, il avait sorti de nouveau la viande et les légumes du frigo. Il n'avait rien trouvé qui fût prêt à manger et il avait faim. Lorsqu'ils descendirent au rez-de-chaussée, elle dit en voyant les aliments : « Il faut que je téléphone à mon mari », comme s'ils lui avaient rappelé son mari, ce qui était le cas.

Edward l'entendit parler au téléphone. Elle semblait se défendre et s'excuser. Puis elle dit : « Tu me manques. » La phrase résonna à ses oreilles comme un écho lointain de son passé. Il entra et la trouva assise sur le divan, le poing contre la bouche ; elle pleurait. Il caressa légèrement ses cheveux, n'osant rien faire de plus.

« Je vais mettre la viande au four, dit-il avec espoir.

— Quoi ? »

Elle lui jeta un regard furieux. Son visage en larmes était plein de mépris.

« Tu ne l'as vraiment pas oublié, ton rôti ?

— Je l'ai acheté pour toi, dit-il.

— Tu l'as acheté pour moi ? Tu sauras que j'ai déjà mangé des crevettes et de la sole dans ma vie. Je connais aussi le bifteck. »

Elle l'attaquait. Il ne comprenait pas ce qui se passait. Son mari lui avait sans doute dit quelque chose de vexant. « Ça va, ça va », dit-il pour l'apaiser. Il s'éloigna sur la pointe des pieds, comme si elle dormait.

Les pommes de terre, pelées la veille, avaient noirci. Il les jeta dans le plat avec optimisme. Il pela quatre oignons et les mit dans les coins ; au centre, telle qu'il l'avait imaginée, la pièce de viande juteuse.

Tout semblait impeccable. Il ajouta une noix de beurre, assaisonna de sel et de poivre. Il hacha une gousse d'ail, qu'il répandit sur la préparation. Il croyait avoir vu d'autres femmes faire quelque chose de ce genre. Il alluma le four et y plaça le rôti. C'était fait. Rien de plus facile.

Il se blâma de n'avoir pas prévenu la crise de Susan. Il n'aurait pas dû la laisser partir seule en ville. Elle était habituée à un mode de vie plus encadré. Il devait se racheter auprès d'elle.

Il sortit du champagne d'un placard frais et le plongea dans un bol rempli de glaçons. Il trouva de la musique à la radio. Il prit des coupes et monta le champagne à la chambre. Des volutes de musique s'étiraient jusque-là. Il ferma les rideaux et alluma une petite lampe. « Susan », appela-t-il.

Il entendit ses pas traînants dans l'escalier. Un visage aux traits plaintifs surgit de derrière la porte. Son regard perçant balaya la pièce avec méfiance, en nota le menu détail, puis s'illumina. C'était une enfant. Tous ses soucis disparaissaient sous le coup d'une joie passagère. Elle courut vers lui et se jeta dans ses bras. Ils se caressèrent les cheveux, défirent bouton après bouton, s'abandonnèrent aux plaisirs de la chair. Elle rit goulûment. Ils se rejoignaient enfin.

Ils firent l'amour avec emportement, tendresse, certains de leur territoire. Il lui prenait les pieds, elle lui mordillait les doigts. Ils se dessinaient des caresses sur les bras et les jambes. Il cherchait de ses lèvres les commissures de son sourire et n'en trouvait pas la fin. Ils n'étaient séparés que par l'égoïsme de leur bonheur. Après l'amour, elle poussa un profond gloussement de satisfaction, sur quoi il se mit à rire.

Ils burent le champagne dans la pénombre intime, blottis à chaque extrémité du lit, tout en se racontant de cruelles histoires d'enfance qui éveillaient une compassion mutuelle.

Lorsqu'ils rampèrent l'un vers l'autre, lui avec la bouteille et elle avec son verre vide, seules leurs lèvres se rencontrèrent ; il prit les fragiles objets et les posa sur le plancher, car il leur fallait faire l'amour de nouveau.

Ils vidèrent la bouteille de champagne. Ils étaient étendus côte à côte et se regardaient. « Je dois avoir l'air épouvantable », dit elle. Il examina ses cheveux noirs emmêlés, aussi noirs que la tache hirsute sous son bras inerte, ses yeux barbouillés de maquillage, son visage comblé aux joues rosies. « Je te trouve très belle », dit-il. Il se sentait à l'aise, exubérant, soulagé, régénéré. « Je trouve, ajouta-t-il, moqueur et sincère à la fois, que tu as l'air de ma maîtresse. »

Elle s'éloigna brusquement de lui et s'accrocha à son oreiller, comme un mollusque sur une roche. Il ne savait pas à quoi elle pensait. Il lui tapota le dos, mais elle se secoua et murmura tristement dans son oreiller : « Je sens quelque chose de bizarre. » Elle tourna son visage vers lui, montrant un œil humide au-dessus d'un décor en ruine. Il l'avait blessée. Mais lorsqu'elle se dégagea complètement de ses draps, il s'aperçut que ses yeux pleuraient de rire.

« Qu'y a-t-il ? demanda-t-il en souriant doucement.

— Tout va bien, répondit-elle. Tout se passe exactement comme d'habitude : nous deux, ensemble, la musique et l'odeur de brûlé. »

Elle se mit à rire.

Il bondit hors du lit et courut à la cuisine. Des bouffées de fumée s'échappaient tout autour de la porte du four. L'air était lourd d'une odeur féroce de bête brûlée. Il ouvrit la porte du four et son corps nu fut assailli par une chaleur infernale. Il tira le plat hors du nuage de fumée avec un linge. Les morceaux d'ail bringuebalaient comme des clous noircis sur la ruine goudronneuse.

Il se sentait épuisé, trahi. Il n'arrivait pas à croire que tout cela se fût produit si vite, de façon si catastrophique. Sa foi s'évanouissait tranquillement.

« Edward ? appela Susan de la chambre.

— Tout va bien ! » cria-t-il.

Et comme il disait ces mots, il pensa que tout, en effet, allait très bien. Il ouvrit la fenêtre pour faire sortir la fumée et alla prendre son peignoir dans la salle de bains.

Revigoré par le champagne et son après-midi au lit, il se persuada que la viande n'était pas perdue. Il se mit à siffloter bruyamment comme s'il faisait noir et qu'il avait peur. Il piqua le rôti avec une fourchette et le transféra dans un plat de service, puis entreprit de tailler à grands coups de couteau les bords carbonisés de la chair éprouvée.

Il fut agréablement surpris de constater que la viande était encore assez saignante à l'intérieur, presque crue en fait. Il avait de la difficulté à manipuler son couteau, ce qu'il attribua à un manque d'expérience et au fait qu'il utilisait très peu ses ustensiles à découper. Il continua pourtant de couper, content de la petite boîte de cresson au frigo, qui servirait à décorer les meurtrissures, et des légumes que Susan ferait cuire et revenir dans du beurre pendant qu'il s'habillerait.

Susan vint le rejoindre. Elle était restée dans l'embrasure de la porte, vêtue d'une chemise de nuit comme d'un sac à farine, les manches et les poignets garnis de dentelle. Elle avança sur la pointe de ses pieds nus, si bien qu'il ne sentit sa présence qu'au dernier moment, spectre diffus, blême et ondoyant.

« C'est peine perdue, murmura-t-elle.

— Mais non, dit-il. Ce n'est pas gâché du tout.

— C'est peine perdue, cria-t-elle d'une voix entrecoupée. Il n'y a pas de mélange à sauce, pas de cubes de bouillon. Il n'y a rien dans tes armoires, rien d'utile, pas de farine ni de crème instantanée, pas de sel non plus. Tout ça, c'est de la frime. »

Elle étendit le bras et il tenta de prendre sa main, cherchant un appui. Sa main fila droit devant lui et alla frapper la viande. Le rôti fut projeté hors de l'assiette et s'échoua sur le plancher, sanguinolent sur les côtés.

« C'est tout ce que je représente pour toi, dit-elle d'un ton violent, à travers ses mâchoires tremblantes. Tu crois que c'est bien assez pour moi ! De la poitrine de bœuf ! Je n'en servirais même pas chez moi. Je ne donnerais pas ça à mes enfants s'ils étaient affamés. C'est tout ce que je vaux. »

Ils mangèrent dans un restaurant italien situé près de chez lui. Ce n'était pas un endroit qu'il connaissait. Les tables étaient d'un rouge vif et les plats n'étaient guère raffinés, mais ils n'avaient pas le temps de faire une réservation dans un restaurant plus convenable. Il fallait qu'il mange quelque chose.

« Prends du veau, suggéra-t-il. Ce sera sûrement bon. »

Il versa le vin d'une carafe dans leurs verres. Elle commanda une pizza. Ses cheveux tombaient sur son visage. Il voyait ses jointures s'agiter au-dessus de la plaquette rouge, mais aucun morceau ne semblait se rendre jusqu'à sa bouche. Le serveur proposa d'offrir un sorbet à la dame. Elle fit un mouvement de la tête.

« *Cassata* ! proclama-t-il. Cela signifie, continua-t-il d'un ton cajoleur, « mariés ». »

Edward eut un rire d'encouragement mais elle ne le vit pas. Elle hochait la tête en direction du serveur et il ne savait pas si c'était en signe d'acquiescement ou de résignation.

Le lendemain matin, elle était partie. Les draps brûlaient encore de la chaleur de son corps. Elle s'était levée à six heures, avait fait ses valises, préparé du café et appelé un taxi. Ses pieds faisaient un bruit de claquement frénétique sur le plancher, comme un bruit d'applaudissements. Il l'entendit siffler pendant un moment. Il savait qu'il aurait dû la conduire lui-même à la gare, mais il refusait de hâter son retour vers ses devoirs de famille. Il s'y refusait.

« Edward ! »

Elle s'agrippait à l'extrémité du lit et criait d'une voix de détresse, sa figure et sa chemise de nuit dessinant une lueur blanche dans la lumière grise du matin.

« Oui, mon amour », répondit-il en lui-même. Mais il se contenta d'entrouvrir un œil et d'émettre un « Mmm ? » ensommeillé.

« Je n'ai rien acheté pour les enfants. Ils vont s'attendre à recevoir des cadeaux. Je leur rapporte toujours quelque chose. »

Elle se tenait devant la fenêtre, avec son manteau et son chapeau, surveillant le taxi qui arriverait d'un instant à l'autre.

« Edward ! » cria-t-elle de nouveau.

Cette fois il se leva sur son séant, prêt à la prendre dans ses bras.

« L'oiseau ! Il s'est envolé », ajouta-t-elle.

Après son départ, il traça de ses doigts le contour de son corps imprimé dans les draps chauds, les os, la chevelure, les coussins de chair maternelle. Il gardait les yeux fermés, la tenait serrée contre son cœur. Peu à peu, le jour entra en lui, le soleil, la sonnerie du téléphone, et la froide constatation qu'elle ne l'aimait pas. Tout ce temps pendant lequel elle avait prétendu s'intéresser à lui, elle n'avait envié que sa richesse, elle avait cherché l'éclat du luxe. Elle était comme ces pèlerins qui volent les reliques des saints.

Ce n'était pas lui qu'elle désirait. Elle voulait lui dérober un morceau de la vie éclatante qu'elle s'imaginait être la sienne en son absence. Il tenta de rappeler son visage à sa mémoire, mais il ne voyait qu'une cabine de verre envahie par des mains d'enfants et, à l'intérieur, une ménagère coiffée d'un foulard avec des sacs d'épicerie à ses pieds.

Ce n'est qu'une fois dans le train que Susan se mit à pleurer. Et alors les larmes coulèrent, grosses comme des cubes de glace fondus. Il y avait, assis devant elle, un homme et un petit garçon. On avait donné à l'enfant une tablette à dessin magnétique pour le tenir occupé, et l'enfant esquissait des portraits de son visage défait, jetant quelques coups d'œil obliques pour évaluer la perspective.

À mesure que les larmes inondaient ses joues, elle sentait qu'elle se brisait en mille morceaux. Bientôt il ne resterait plus rien d'elle, rien du moins qui soit assez solide pour l'aider à accepter qu'il ne l'aimait pas.

Elle s'était attendue à si peu de chose. Elle avait seulement voulu combler les espaces vides de leur passé. Souvent il lui avait parlé de la douleur d'être où que ce soit sans elle ; les soirées perdues avec des étrangers, les repas au restaurant, à peine goûtés. Elle s'en était tellement voulu de ne lui avoir offert que des miettes de temps libre. Elle avait souhaité se racheter auprès de lui. Elle avait voulu qu'il sache tout ce qu'elle était prête à risquer pour lui. Elle brillerait à ses côtés, au milieu des regards hostiles d'une foule envieuse. Pour un instant, elle aurait été à lui et tous les auraient vus, quoi qu'ils aient eu à en dire.

Elle ignorait désormais ce qu'elle allait faire, sauf d'admettre, avec le temps, sa propre bêtise. Il ne tirait manifestement aucune fierté de sa présence. Il voulait la tenir dans l'ombre. Bien installé dans son univers chic et secret, il avait eu honte d'elle.

L'homme assis en face d'elle était mal à l'aise : ses larmes infinies, son manque de discrétion, l'attention critique du petit garçon. Il se sentait menacé par leur indifférence à l'égard des conventions sociales. L'homme arracha la tablette à dessin et la jeta brusquement à l'autre bout du siège. Le garçon se mit à regarder oisivement à travers la fenêtre.

Habituée à examiner les efforts de créativité chez les enfants, Susan prit la tablette à dessin. Le garçon n'avait pas le talent de son propre fils. Son portrait était un masque de clown sens dessus dessous. Elle effaça le dessin et posa la tablette sur ses genoux, apprivoisant la douleur crue qui tiraillait son esprit et sa peau, s'installant peu à peu dans la souffrance. Elle devait cesser de pleurer. Les enfants s'en apercevraient. Demain, elle leur achèterait des cadeaux. Ce soir, ils auraient à se contenter de crème glacée. « Crème glacée », gribouilla-t-elle distraitement sur la tablette. Son esprit fatigué rechignait devant les nécessités du prochain repas ; elle écrivit, sans réfléchir, « œufs, bacon, fromage ». Et puis, comme les jours n'existaient foncièrement que pour se succéder les uns aux autres, et comme elle faisait office de chauffeur dans ce véhicule du temps, elle continua d'écrire : « carottes, chou, oignons, champignons ».

Traduction de Julie Adam

EVELYN CONLON

Avec le temps

Evelyn Conlon est née à 1952 à Monaghan et vit actuellement à Dublin. Professeur d'anglais, elle a vécu en Austra-
lie et en Asie. Elle a écrit deux recueils de nouvelles, *My
Head is opening* (1987) et *Taking Scarlet as a Real Colour*
(1993), ainsi que deux romans, *Stars in the Daytime* (1989)
et *Up in the Air* (à paraître). La nouvelle « Avec le temps »
(« Given Time ») est tirée du recueil *Taking Scarlet as a Real
Colour*.

Nuala resta immobile un instant, les yeux fixés sur lui, puis elle descendit au rez-de-chaussée, prépara le petit déjeuner et le monta à la chambre. C'était un petit déjeuner délicieux : bacon grillé, tomates, champignons cuits à point, dans un décor parfait vu du lit. À qui d'autre que Nuala cela pouvait-il arriver ? À qui ? Oh, à n'importe qui, je suppose. Mais qui aurait pu y faire face ? Nuala le pourra. Avec le temps, elle s'en sortira.

*   *   *

Le mari de Nuala McCooey l'avait quittée un jour de février. Pendant les cinq années qui suivirent, elle considéra février comme étant un mauvais mois. C'était comme si une pomme lui bloquait la gorge. Du premier au vingt-huitième jour, elle se demandait de quoi il pouvait bien parler avec sa nouvelle amie. Lui disait-elle : « Février me rend nerveuse, c'est ce mois où tu as laissé ta femme » ? Et lui, beau salaud, répondait-il : « Tu ne penses tout de même pas que c'est parce que c'était en février que je l'ai laissée », pour la regarder ensuite avec un sourire qui la faisait glousser ? Le premier mars, l'horizon se dégageait. Elle était débarrassée de lui. Au cours de ces cinq ans, il y eut une année particulièrement cruelle, presque grotesque même.

Le week-end où Fergal présenta Nuala à ses parents et à ses sœurs, ils le taquinèrent au sujet de son ronflement. Elle rougit, se dit que c'était intéressant, elle apprenait un autre détail intéressant sur lui — mon Dieu, quand cela finirait-il ? Elle n'avait jamais entendu quelqu'un ronfler vraiment. Ils ne manquèrent pas non plus de mentionner qu'il était mesquin, qu'il était égoïste. Ils énuméraient tous ses défauts avec bonne humeur, les étalant au grand jour devant elle, les secouant juste assez pour qu'ils fassent du bruit, pour qu'elle les entende bien ; mais ils n'avaient aucune raison de s'inquiéter, la bulle d'amour qui enveloppait Nuala la rendait sourde et aveugle. Ils se marièrent et s'aimèrent pendant une ou deux années, ou plus, puis ils commencèrent à buter l'un contre l'autre dans le lit et à s'esquiver gauchement le jour. Mais, somme toute, cela allait. Ils lisaient des livres, naturellement : tous deux étaient diplômés d'université et leur profession (ils enseignaient dans un établissement d'enseignement supérieur qui n'avait pas tout à fait le statut d'université) exigeait beaucoup de lectures personnelles.

Ils lisaient presque tous les mêmes livres, sauf qu'elle ne s'intéressait jamais aux ouvrages sur la photographie et lui ne lisait jamais de poésie. « Pas de temps pour cela », disait-il, et il ne voulait pas dire qu'il n'avait pas assez de temps. Elle voyait la photographie comme la consolation des gens maigres — ils voulaient des preuves de l'existence. Rien ne pouvait entrer très profondément en eux, alors ils ne se rappelaient jamais bien leurs expériences.

Il trouvait qu'elle devenait sarcastique. Un soir, elle avait brusquement refermé son recueil de nouvelles. « Encore un autre qui s'amuse à retourner voir son ex-femme. Qui ferait cela ici ? Si une femme a assez de chance pour avoir un ex-mari, elle n'ira pas lui rendre visite. » Ensuite, elle avait lavé la vaisselle avec entrain, soufflant la mousse sur les verres à vin et fredonnant des airs joyeux. Elle ne voulait plus qu'il lave la vaisselle, réservant pour elle-même ce refuge contre l'ennui. C'est peut-être ce soir-là qui marqua le début de la fin. Ils cessèrent de faire des activités ensemble, notamment d'aller au cinéma. Elle trouvait que la fantaisie du cinéma créait beaucoup d'attentes en elle, des attentes suivies d'une déception trop lourde à supporter.

Après dix ans, le feu s'était éteint — ce qui n'était pas mal, dans certains cas cela prend dix jours. Dix années laissent beaucoup de cendres. Ils réussirent finalement à entretenir quelques braises à force de menus propos qui ennuyaient l'un et l'autre, non pas que les menus propos aient moins de valeur que la conversation sérieuse, mais simplement du fait qu'ils étaient las de toute façon et ne voyaient plus aucun plaisir à faire cuire un œuf le matin. Ce n'était plus qu'une question de savoir qui le ferait le premier. Et ce fut Fergal. Nuala et son amie Betty parlaient de l'étudiante qui lançait les regards les plus embarrassants à Fergal. Chaque fois qu'il passait devant elle, elle regardait fixement son dos, comme si elle croyait pouvoir, par son seul regard, aspirer quelques morceaux de lui et les avaler tout rond.

« Cela te dérangerait s'il lui disait oui ? demanda Betty.

— Ils sont libres de faire ce qu'ils veulent », répondit Nuala en haussant les épaules comme peuvent le faire les gens avant le fait accompli.

Fergal commença à lire des articles et des histoires sur des gens qui avaient des aventures, il lut *Bornholm Night Ferryé*[1], il se mit à voir des films prétendant révéler la nature de la passion. Il passa la nuit avec une étudiante habitant la même rue que Nuala et lui. Il aimait le plan de la maison, exactement le même que chez lui, et dit en plaisantant à l'étudiante qu'il serait capable de marcher les yeux bandés jusqu'à son lit sans se tromper de chambre. Elle ne sourcilla pas. Si cette rencontre marchait, qui sait, son mariage serait peut-être sauvé. Mais la ville était beaucoup trop petite pour cela. Si vous faisiez l'amour avec votre mari, tout le monde le savait le lendemain. Alors, l'histoire de Fergal fut découverte.

Il fallut cinq ans à Nuala pour s'en remettre, pas cinq années à temps plein, mais une période qui s'étendit sur cinq ans, avec des moments d'apathie particulièrement inquiétants et d'imprévisibles sanglots qui la secouaient chaque mois de février. Cinq ans, ce n'était pas démesuré, après tout : une demi-année pour chaque an vécu avec lui. Puis elle n'envia plus à personne sa compagnie, ses bras, sa chaleur confortable, son pénis, pour dire les choses crûment. Elle fut même prise de pitié pour la jeune fille qui était apparemment entrée en catalepsie lorsque Fergal, après six mois décida qu'il en avait assez. Nuala tomba finalement amoureuse d'un homme qui était amoureux d'elle, peut-être pour se prouver qu'elle croyait encore en quelque chose. Entre-temps, Fergal avait déménagé pour aller

---

1. Roman épistolaire (1983) de l'auteur irlandais Aidan Higgins, racontant l'histoire d'un amour impossible entre deux êtres déchirés par leur passion. (N. d. T.)

enseigner à l'université d'Aberdeen, pendant un an au moins, disait-il tristement. C'est lui qui s'en tirait le moins bien, en fin de compte. Aberdeen n'était certes pas le centre du monde qu'il avait cru découvrir la première nuit passée avec l'étudiante. Nuala garda la maison.

Comment tomba-t-elle amoureuse à nouveau et que cela signifiait-il pour elle ? Mais d'abord, les cinq années.

Nuala passa ce mois de février, et mars, et avril à pleurer comme une Madeleine, à raconter inlassablement, confondant le jour et la nuit, buvant du brandy, maigrissant à vue d'œil et mettant à rude épreuve son amitié avec Betty. Puis, un matin, elle se réveilla et entendit, comme pour la première fois, un oiseau chanter, oublia de se rappeler qu'elle ne pensait pas à Fergal et se frotta vigoureusement dans son bain. C'était un nouveau mois, clair et lumineux. Elle avait des choses à oublier, à balayer de sa vie comme si elles n'avaient jamais existé, des rêves à effacer, ce qui est le plus difficile. Cela peut vous donner des rhumatismes. Parfois, elle se voyait clairement en train de s'effilocher elle-même. Elle en était bouleversée. Mais c'était mieux ainsi, d'une certaine façon, car elle avait vu, entre autres choses, beaucoup trop de tristes dénouements.

Nuala commença à avoir des fréquentations, comme elle les appelait, le mot était juste pour désigner cette façon de passer le temps. Dès qu'elle cessa de se tromper de nom d'un homme à l'autre, elle sut qu'elle ne tournait plus en rond. Un homme appelé Eoin lui dit un matin qu'il n'aurait jamais cru que les femmes aimaient autant le sexe. Elle haussa les sourcils sous sa frange de cheveux — en tout cas, c'était là un nouveau sujet de conversation au déjeuner. Il était décidé à bavarder, elle aurait préféré expédier les civilités et fermer la porte sur la nuit dernière. Ensuite il y eut Declan, qui embrassait comme s'il voulait réchauffer ses lèvres glacées, puis Neal, qui considérait manifestement le restaurant, le cinéma ou le verre comme une poignée de main façon Dale Carnegie : se rappeler son nom, s'entendre avec elle et aller droit au but. Il y avait aussi le problème des noms affreux. Un matin, elle découvrit que l'homme en face d'elle s'appelait Ernie. Elle n'avait sûrement pas entendu cela la veille.

Elle se rendait compte qu'il était plus facile et plus difficile qu'on pourrait le penser d'amener un homme dans son lit. En dépit des difficultés, elle réussissait, sans pourtant y croire tout à fait ; d'ailleurs, tous ces hommes étaient souvent déjà partis avant même qu'elle ne prenne conscience qu'ils avaient été là.

Sa route vers la guérison était cahoteuse et chaotique. Elle pouvait sembler funeste aux yeux des amoureux ou de ceux qui n'ont pas besoin d'amour. Elle pouvait susciter des remarques désobligeantes de la part des gens choqués qui chuchotaient derrière elle. Bande de jaloux, voilà ce qu'elle en pensait. Un jour, dans la salle des professeurs, au milieu d'une conversation décousue à propos d'informatique, une collègue lui lança : « Nous sommes en Irlande, tu sais, pas en Californie », puis parut surprise de s'entendre parler de la sorte. C'était comme si quelqu'un lui avait mis les mots dans la bouche et qu'elle devait absolument les relâcher, peu importe le reste. Tous les regards se tournèrent vers Nuala. Bande de jaloux, pensa-t-elle.

Ce soir-là, elle s'assit, nue, sur le tabouret de Fergal
— il l'avait acheté à la suite d'une blessure au genou,
c'était plus facile de s'asseoir sans plier la jambe —
elle se laissait toucher par Neal et le touchait... Na na,
na na na. Finalement, Nuala se construisait un passé.

Sa sœur de Bruxelles vint lui rendre visite pendant les vacances. Elle n'était pas du genre à faire les
choses que faisait Nuala, ah non, elle portait des jupes
bien sages, dont les pans se recouvraient sur le devant.
Nuala avait oublié ce qu'elle-même portait habituellement. Bien sûr, elle savait ce qu'il y avait dans sa
garde-robe, mais elle ne pouvait pas se rappeler avoir
acheté ces vêtements, encore moins depuis quand ils
étaient là. Elle oubliait d'autres détails aussi. Elle oublia
de se couper les ongles d'orteils jusqu'à ce que celui
du deuxième orteil coupe le troisième orteil ; elle oublia
d'aller chez le coiffeur (mais cela pouvait s'expliquer
par le fait que, la première fois qu'elle avait entendu
parler de Fergal, c'était chez le coiffeur) ; elle oublia
qui avait composé l'ode *Intimations of Immortality* ;
elle oublia qu'elle était chez sa mère et se mit à s'étirer
longuement, bruyamment, comme si elle était Jésus
dans le film *The Life of Brian*. Sa sœur et les jupes de
sa sœur l'énervaient. Sa sœur voulait qu'elle se rappelle la façon de se comporter.

Nuala plongea dans l'alcool et l'oubli et se re-
trouva au lit avec un autre homme mal choisi. Elle
connut une misérable petite nuit qui ne triompha de
rien sinon du temps. Lorsqu'il partit, elle dit : « ça,
c'était une erreur. » Cela montre à quel point j'ai pris
de l'expérience, songea-t-elle, je peux dire « erreur »
comme si la seule chose que j'avais faite était de donner
une réponse inexacte. Elle alla se promener le long de

la mer à Sandymount mais ne vit rien d'autre que des chiens qui déféquaient et des gens qui vieillissaient, jusqu'à ce que le vent se lève et commence à jouer avec l'eau. Elle observa le vent filant sur les vagues, marbrant la couleur de l'eau sous sa course vive, comme la lumière des néons qui, tel un halo fulgurant, engouffre toute noirceur autour des enseignes, tout ce qui ne brille pas. Son regard se fixait sur cette danse du vent qui changeait la face de la mer, puis elle fut saisie d'une irrésistible envie de dormir, dormir d'un long sommeil douillet. Peut-être avait-elle besoin de repos.

Pendant qu'elle faisait toutes ces choses pour oublier Fergal, une vie était vécue, une vie passait, irréversible. La sienne. Les jours, les semaines s'engloutissaient. Elle retourna à la maison et pensa : « Tiens, voilà un jour de gagné. » Qu'est-ce qu'un jour de gagné : un jour récupéré ou simplement vécu ? Nuala prépara son sac à main pour le lendemain matin, y mit de l'ordre, jeta les saletés. Il doit être terrible de se promener autour du monde sans sac à main. Elle changea les draps et se mit au lit.

Un jour, entre les cours, Nuala tenta de compter tous les hommes avec qui elle avait couché depuis Fergal. Elle prit un crayon et nota leurs prénoms : M, J, E, C, D, G, B, J, E, K, N... Elle en avait le mal de mer. Quelle excuse donnerait-elle si quelqu'un regardait par-dessus son épaule ? Des noms pour un enfant — ma sœur est enceinte — ou des mots croisés ? Une liste de mes oncles ? Lorsqu'elle rentra chez elle, elle jeta un coup d'œil à son agenda. Oui, elle semblait avoir vécu de façon relativement normale, personne n'en douterait, il y avait bien quelques numéros de téléphone surgis de nulle part mais sinon rien d'étrange. L'intérêt, c'était ce qui ne figurait pas dans son agenda.

Elle commença à prendre des notes sur la promiscuité sexuelle, à choisir des titres. *Promiscuité sexuelle et alcool. Promiscuité sexuelle et météo. Est-ce répandu ? Promiscuité sexuelle et menstruations. Promiscuité sexuelle et vie privée. Est-ce dangereux ? Est-ce bon pour vous ?* Il y avait aussi des sous-titres sur divers sujets. *Les hommes et la contraception. Les mots de l'impuissance. Le sexe en folie. Les hommes et leur mère. Les hommes et moi. Pourquoi les hommes ?* Elle afficha ces titres sur les murs de sa cuisine, pour une heure seulement, les regarda et se demanda ce qu'une personne pourrait en faire. Elle les ôta rapidement en entendant sonner à la porte.

Plus tard cette année-là, un mince filet de lumière apparut sous la forme de Donal, tout sourire, tout amour, tout en caresses et en douces paroles. Il cherchait à comprendre quelque chose. Il lui posait continuellement des questions au sujet d'elle et de Fergal, aucune sur ce passé récent qu'elle s'était construit pour elle-même.

« Mais pourquoi, en réalité ?

— La dernière dispute, la lassitude. La plupart des querelles sont comme les précédentes, y compris celle qui fait déborder le vase. Fergal disait qu'une bonne relation entre un homme et une femme est possible, après quelques années, quand ils ont compris comment concilier le besoin qu'a la femme de toujours parler (c'était mon cas), son double besoin de changement et de stabilité tout à la fois, et le besoin qu'a l'homme d'écouter le silence à la maison et de baiser vite fait.

— Je ne trouve pas que tu parles trop, dit Donal.

— Tout ce que nous avons jamais changé, c'est la position de ce lit », dit Nuala.

Donal lui caressa le ventre et regarda au plafond.

« Fergal m'a demandé si je lui pardonnerais. J'ai répondu : « Qu'est-ce que cela veut dire, pardonner ? » Je lui ai dit de se regarder dans le miroir avant de sortir et de s'excuser. »

Nuala tomba amoureuse de Donal.

« Que signifie l'amour ? » lui demanda-t-elle.

Il dit qu'il ne le savait pas.

Ils vécurent assez heureux pendant trois ans. Rien de sérieux ne vint troubler leur vie de couple. Il leur était toujours aussi agréable de glisser la main dans celle de l'autre — c'était le contact de leurs paumes douces qui les faisait sursauter. Il ne parla pas de pardon lorsqu'il s'en alla. Elle non plus. Ce n'était pas nécessaire. Ils sont restés les meilleurs amis du monde.

Le visage de Nuala commença à prendre ces traits curieux de celle qui a connu l'impasse de l'amour, deux fois.

Le collège d'enseignement supérieur acquit le statut d'université. Nuala obtint une augmentation de salaire et déménagea. Elle apporta un soin particulier à choisir sa nouvelle maison. Betty l'y aida. Elles adoraient cela. Nuala aimait bien secouer la tête en disant « Non, ce n'est pas ce qu'il me faut », comme si elle avait toujours pris de graves décisions. Elle signa le contrat d'une main sûre et déverrouilla la porte avec la même fermeté dans le geste. Elle fit le tour de sa maison, satisfaite de cette nouvelle demeure et des résolutions parfois maladroites de sa vie, qu'elle était arrivée malgré tout à respecter. Elle avait hâte de recommencer à travailler : moins de poésie tudorienne du XVIe siècle, plus de fiction latino-américaine.

Vint enfin le samedi, où elle put faire la grasse matinée, tirer les lourds rideaux et regarder sa cour arrière en toute discrétion, derrière les voilages de la fenêtre. Il y avait un jardin en friche où avaient poussé des légumes. Elle ferait du jardinage, peut-être ? Il y avait des digitales, une vigne vierge en bonne santé, un massif de buissons inconnus, des mauves, un robuste pyracanthe. Il y avait un carré de rhubarbe, un jeune pommier. Il y avait de l'espace et de la lumière, beaucoup de lumière. Oh ! ce serait merveilleux ! C'était le genre de journée où Nuala sentait qu'elle aurait pu faire de sa vie un beau petit paquet, propre et joli comme un cadeau, orné d'une petite boucle, posé là en toute quiétude, prêt à plaire. Elle s'était appuyée sur le rebord de la fenêtre sans que rien ne lui arrive.

Le voisin était en train de sarcler à genoux, la tête penchée vers le sol. Sa tête lui semblait douce et familière, ce serait bien d'avoir de nouveaux voisins simples et sans prétention. Il se leva et se retourna pour aller dans son cabanon. Nuala posa ses deux mains droit sur son visage, comme si elle pouvait ainsi repousser, en quelque sorte, ce qu'elle venait tout juste de voir. Ce nouveau voisin, là, c'était Fergal. Elle resta debout à le regarder, puis recula jusqu'au milieu de la pièce sur la pointe des pieds. « C'est impossible, non, ce n'est pas vrai. » C'était Fergal.

Traduction de Julie Adam

DESMOND HOGAN

Renaissance

Desmond Hogan est né en 1952 à Galway et vit actuellement à Londres. Son premier roman, *The Ikon Maker*, a paru
en 1976, et son deuxième, *Leaves on Grey*, en 1980. Il a reçu
le Hennessy Award en 1971, le Rooney Prize for Literature
en 1977, ainsi que le John Llwelyn Rhys Memorial Prize en
1980, pour son premier recueil de nouvelles, *Diamonds at
the Bottom of the Sea and other Stories* (1979). Son deuxième
recueil, *Children of Lir*, paru en 1981, a été publié en un
seul volume avec le premier recueil, sous le titre *Stories*, en
1982. Sont également parus deux romans, *A New Shirt* (1986)
et *Lebanon Lodge* (1988), ainsi qu'une anthologie, *The Edge
of the City* (1993). La nouvelle « Renaissance » (« The Birth
of Laughter ») est tirée du recueil *Diamonds at the Bottom
of the Sea and other Stories*.

Marchant dans le jardin, elle repoussa délicatement les branches, écartant les buissons sur son chemin, retirant les feuilles de sa chevelure. Elle se demandait pourquoi elle était revenue en ces lieux. Le fait qu'elle n'avait pas peur la laissait troublée. Il était facile d'être ici. Elle jeta un regard autour d'elle. La lumière filtrait à travers ses cheveux. Elle avait vingt-deux ans. Un observateur aurait jugé qu'elle était très belle, avec ses nattes blondes.

Un papillon s'envola. Elle l'observa attentivement, fascinée par la pâleur de ses ailes. Elle rit. L'enfant qu'elle portait serait une fille, une petite brune semblable aux bébés noirs des écoles publiques catholiques, dont le visage, légèrement incliné, figurait sur des boîtes remplies d'argent destiné aux missions étrangères. Le papillon esquissa une courbe, une danse, une cajolerie. Elle courut, les bras tendus vers lui. Un rayon de lumière ricocha sur la topaze de sa bague, faisant étinceler les couleurs de la pierre, vert, orangé, brun. Catherine se mit à rire. Elle rit jusqu'à ce que tout le jardin l'entende. Son corps se figea. Avait-elle vraiment ri ? Cette voix était-elle bien la sienne ? Elle attendit. Il ne se passait rien. Personne ne vint l'arrêter. L'écho aveugle du rire se répercutait en elle. Une fois de plus elle rit, elle courut, jusqu'à ce que tout le jardin regorge de papillons irréels et que ses cheveux tissent des roses imaginaires.

Elle s'arrêta, puis reprit sa promenade. Elle sentit de nouveau les arbres, les buissons, tel Lazare ressuscité. Elle marchait lentement, comme si elle entrait en transe. Cela ressemblait aux films au ralenti de son enfance. « Catherine Findlater, tu renais au bonheur exquis des sensations, se dit-elle. Catherine Findlater, tu es sauvée. »

L'herbe au bord du ruisseau était déjà dorée. Quelques brins se dressaient vers le ciel comme le blé du mois d'août. Elle s'agenouilla près de l'eau. Son visage reluisait. Elle sourit, puis brouilla ses traits d'un geste de la main. Elle sourit de nouveau. Le rire montait en elle, imminent. Cette fois, elle ne rit pas ; elle poussa un cri. Un feu s'élevait derrière elle. Elle leva les yeux, rapidement. C'était Adoe. Il la prit dans ses bras. Sa peau, d'un brun pâle, était tendue sur ses os fragiles. Il la tenait contre lui. Il portait une chemise blanche. Ils traversèrent le jardin. Il lui arrivait de se rappeler, dans ses moments de souvenirs légers, tante Madeleine citant Byron, récitant de suaves poésies amoureuses de son ami William Butler Yeats ou le *Cantique* de Salomon. Elle se promenait maintenant au bras de son amoureux indien, son mari. Le cytise était en fleurs, les magnolias s'épanouissaient, le lilas se couvrait de grappes blanches.

« Tout va bien, ne t'inquiète pas », dit-il.

Parfois, elle le regardait fixement et lui demandait pourquoi il l'avait emmenée ici. « Tu dois revenir. Pour ton propre bien. » Alors elle prenait peur et se mettait à pleurer. Sa tante Madeleine lui avait laissé la maison en héritage. Certes, elle s'était prise d'affection pour les lilas du jardin. Certes, il lui était arrivé d'asseoir une grande poupée de caoutchouc parmi les perce-neige et de la laisser dépérir, criblée d'aiguilles, dans l'espoir de colorer de sang les perce-neige.

En d'autres termes, elle avait vécu son enfance ici. Mais tante Madeleine reposait trop près d'ici, sous une stèle funéraire en pierre grise de Wexford.

Dans un appartement de Dublin, elle avait dit « Non, je ne peux pas revenir, c'est impossible ». Un soir, Adoe jouait dans une pièce d'Ibsen, *Les Revenants*, et elle s'était levée en criant. Tout le rituel s'était éveillé en elle. Elle transpirait. Elle était enceinte d'un mois. Elle s'était dirigée vers la fenêtre. C'était à Fitzwilliam Square. Elle avait levé le châssis. Sa peau était couverte de sueur comme d'une ombre. Elle avait voulu se jeter en bas, se voir morte sur le pavé. Il l'en avait empêchée, l'avait couchée de force sur le lit, lui avait fait l'amour. Alors, son esprit avait cédé. Elle rêva de souris, d'une multitude de souris dans le château d'autrefois. Les souris grouillaient à ses pieds, couraient sous ses yeux, autour de ses chevilles. Elle avait pincé de l'index droit le mamelon d'Adoe. C'était soudain un papillon, qui prenait vie devant elle. Elle l'avait embrassé, s'était endormie la tête sur son ventre.

Maintenant, un vrai papillon s'agitait devant eux.

« Regarde comme il est beau ! s'écria-t-elle de joie.

— Comme elle est belle, précisa-t-il. C'est un papillon femelle.

— Comment peux-tu le savoir ?

— C'est évident, tu ne trouves pas ? »

Contrairement aux autres papillons, tout blancs, celui-là était multicolore. « Merveilleux ! » s'exclamat-elle à plusieurs reprises. Elle se tourna vers Adoe, regarda ses lèvres d'un rouge éclatant, semblable à celui des framboises d'été. Elle l'embrassa. Il la tenait dans ses bras. Son rire se transformait en larmes à présent ; elle était secouée de sanglots. La peur se réinstallait en elle. Elle fixa ses yeux, scrutant la profondeur de son regard brun chocolat.

« Ne m'abandonne pas.

— Non », lui répondit-il à voix basse.

Derrière elle, une ombre de dentelle voilait les portes-fenêtres. Catherine se mit à sangloter, et des éclats rouges apparurent sur les portes-fenêtres, projetés par un géranium du salon. « Adoe », dit-elle en s'agrippant à lui. L'enfant arrivait. Elle s'effondra.

Des avenues de cyprès sous un soleil d'été : voilà ses premiers souvenirs. Les cyprès s'assombrissaient ; ils semblaient gronder — comme un déluge. Sa mère, joliment vêtue d'une jupe grise et d'un chemisier blanc, la prenait par la main et l'entraînait à travers ces ombres. Catherine regardait, effrayée. Sa mère était la fille d'un pasteur d'Offaly, particulièrement silencieuse et douce. Elle s'était mariée avec George Findlater après l'avoir rencontré à l'occasion d'une fête de la Saint-Jean, dans le comté de Tipperary, entre celui d'Offaly et celui de Wexford. La fête avait lieu au bord d'un lac. Collines illuminées par les feux, jeunes hommes au teint hâlé, abandonnant leurs chemises, sautant par-dessus les flammes et l'ombre des flammes, le grand feu du soir imminent près du lac. L'homme qu'elle avait rencontré était séduisant, un peu de la même façon qu'on aurait imaginé le père d'Emily Brontë séduisant. Il contemplait le coucher du soleil d'un air distant. Ils avaient commencé à se fréquenter. Il était venu de Wexford au volant d'un coupé Ford qui ressemblait à un corbillard tronqué. Ils s'étaient mariés dès que les pommes furent mûres dans les clairières du comté de Wexford appartenant à la famille de George. Ils avaient passé leur lune de miel à

Galway, près d'un lac et d'un couvent où les religieuses se promenaient en lisant leur bréviaire, drapées comme des baleines bleues. Ils avaient fait l'amour, y avaient conçu Catherine. Puis ils étaient retournés à Wexford.

« Il y a beaucoup de souffrance dans l'histoire de la famille Findlater », disait souvent sa mère à Catherine. Un œil attentif pouvait voir la naissance de cette souffrance sur le visage de sa mère. Elle était venue à Wexford pour habiter un château qui tombait lentement en ruine. Des portraits explosaient autour d'elle comme autant de cartons pourris. Elle était ébahie par la brillance des armures. Plus que toute autre chose, c'était le jardin qui l'impressionnait, la richesse de ses ombres, l'herbe luxuriante. Elle observait Madeleine lorsqu'elle donnait des fêtes.

Ces fêtes attiraient l'élite d'Irlande et de Grande-Bretagne, de jeunes gens vaguement souriants, affichant fièrement foulards et cravates. Ils venaient des collines, des Midlands, de châteaux et de forteresses, les derniers des pairs anglo-irlandais. Ils arrivaient avec leurs chiens-loups, leur démarche dégingandée, leurs luxueux cigares dodus dont le parfum rappelait Paris et Berlin. Toute la domesticité de la maison participait alors au divertissement des hôtes de Madeleine. Gâteaux à la crème et aux fraises, pièces montées, vin de myrtilles, bouquets de lavande et de roses coloraient la blancheur d'une longue table. On entendait la voix crépitante de Madeleine. « La corne d'abondance ! » s'écriait-elle, et la mère de Catherine, de plus en plus sensible au ressentiment de la population locale, se rendait compte que la fortune des Findlater s'était construite sur la famine, sur des siècles de cupidité. Un ancêtre Findlater vêtu d'une délicate culotte avait jadis erré, accompagné d'Edmund Spenser, jusqu'en Irlande, avait vu dans cette vallée de clairières ondoyantes et d'aubépines vaporeuses un lieu de sérénité, s'y était établi et avait drainé, à force de pillages, les richesses du district vers sa maison. Les Findlater avaient perdu leur titre lors d'une querelle avec la reine Victoria et certains d'entre eux s'étaient tournés vers l'Église, vers un protestantisme noir de chuchotements. Durant la famine, des paysans à l'allure spectrale avaient assailli la famille, rôdant aux portes comme des loups affamés. On leur donnait de la soupe, des pommes de terre. Leurs yeux hantaient les occupants de la maison comme les ocelles des plumes de paon. « Souvenez-vous de 1798 », semblaient leur dire ces yeux. « Souvenez-vous du jeune homme qui entra dans votre jardin et mourut parmi les pommiers en fleurs, blessé par les Redcoats à Wexford. » Les servantes poussaient vivement les verrous de plomb, fermant la porte aux soirées incriminantes de famine irlandaise.

« La corne d'abondance ! » La voix de Madeleine résonnait dans le jardin, même après qu'elle eut fait ses valises et pris l'avion de Shannon vers Paris. « La corne d'abondance ! » La mère de Catherine, flânant autour du château, était hantée par les vêtements soyeux de Madeleine. La même année, son mari avait succombé à une crise cardiaque, elle-même avait perdu progressivement ses forces et les deux sœurs de George, qui habitaient chacune une maison du village, avaient connu des épisodes de folie, errant seules dans l'obscurité, vêtues de leur chemise de nuit, parlant de fantômes, de chiens-loups, de héros irlandais légendaires. Toutes deux furent confinées dans un hôpital psychiatrique d'Enniscorthy, où elles mangeaient des tomates fraîches et fixaient, d'un air béat, fantomatique, la rivière en bas. L'autre sœur de George, Madeleine, également propriétaire d'une petite maison au village, s'était envolée vers Paris, ne laissant à la jeune Catherine, qui tenait la main de sa mère en se promenant le long des avenues de cyprès, qu'une image d'elle, une photographie mystérieuse affichée au salon : une cascade de cheveux noirs, des lèvres fraîches et souriantes, malgré la cinquantaine, si rouges qu'elles semblaient injectées de sang.

C'étaient là ses premiers souvenirs, assise au salon en hiver ou en été, près de sa mère lisant un énorme livre d'Andersen ou des frères Grimm. L'été, les fenêtres étaient ouvertes et des abeilles bourdonnaient au-dessus des motifs de la moquette. En hiver, un grand feu grésillait dans l'âtre et la mère de Catherine se penchait parfois vers les flammes pour retirer des marrons de la tourbe. Puis, sa mère mourut. Catherine avait cinq ans. Elle mourut doucement, résignée, comme les ogres qui vont et viennent dans les contes de fées, comme les jeunes femmes aux cheveux blonds qui, emmenées dans de hautes tours rondes, attendent qu'un prince charmant vienne les délivrer.

La cause de sa mort, déterminée par la suite, était une maladie du poumon. Catherine avait assisté à l'enterrement. C'était l'hiver. Elle agrippa sa poupée et versa quelques larmes, observant l'eau qui perlait sur les branches comme des bourgeons. Il pleuvait. Tous les domestiques étaient présents. Wefxord s'étendait devant elle. « Si on regarde suffisamment loin, pensa Catherine, on verra les fraises. »

Habituellement, les fraises n'arrivaient pas avant le mois de juin à Wexford. Cette année-là ne fit pas exception à la règle. Catherine attendait les fraises, les jeunes pousses rouges, et savait aussi que tante Madeleine, qui lui était inconnue, viendrait bientôt s'occuper d'elle. Tout ce qu'elle savait de tante Madeleine se résumait à ses livres, à sa photographie. Il était connu qu'elle écrivait des livres. Ils reposaient ici et là dans la maison, comme des fantômes.

Elle arriva un après-midi, dans un taxi semblable à un fourgon mortuaire. Son visage paraissait perplexe, couvert de taches. Catherine l'observait fixement, un ourson pendu à ses doigts. Madeleine était avec elle à présent. Il y avait dans son regard une lucidité et à la fois une impression d'horreur qui se gravait dans la mémoire.

Madeleine Findlater, écrivaine, auteure de romans historiques, d'une étude sur le tarot et de la biographie d'un obscur poète roumain disparu en 1937.

Catherine ouvrit les yeux — elle était à l'hôpital. Des infirmières l'examinaient. L'une d'entre elles tenait un verre d'eau. Elle reconnut Adoe, debout derrière un médecin noir. Elle tendit les bras vers lui. Elle s'évanouit.

Elle avait cinq ans à l'époque, ignorante du passé de sa tante. Le château fut vendu à un millionnaire américain qui y emmena une maîtresse aux cheveux bleutés atteinte de polio et abandonna ensuite la demeure, laissant les perce-neige envahir le terrain au printemps, véritable bataillon solitaire et froid, tournoyant de mâles incestueux. Tel fut le sort du château des Findlater, compagnon en quelque sorte des années d'enfance de Catherine. Elle venait parfois le voir, dessinant un sentier depuis l'école, mangeant du chocolat Nestlé et frottant ses mains collantes dans les pâquerettes.

À l'école, Miss Rafter récitait des poèmes de Yeats. *Bien que je sois vieilli d'avoir tant erré par les creux et les collines de la terre / J'irai découvrir où elle s'en est allée.* Miss Rafter avait de jolis cheveux blonds, dont une mèche lui retombait sur le front. Elle portait des chemisiers aussi délicats que des boutons d'or et clignait souvent des yeux, comme s'ils allaient se remplir de larmes. Les enfants la dévisageaient silencieusement, les quelques enfants protestants de la région. Un jour elle quitta l'école et, des années plus tard, Catherine la revit, légèrement vieillie mais toujours aussi charmante.

Catherine entendait aussi parler de Yeats à la maison. Tante Madeleine abordait librement le sujet. Il venait dîner au château et discourait de la société mystique de la *Golden Dawn*. Dans les années trente, dans la jeunesse de Madeleine, il lui rendait parfois visite, dégageant son front de ses cheveux blancs et racontant sa propre jeunesse et ses amours passées, tandis que les fleurs de pommiers se détachaient de leur branche. Tante Madeleine montrait les photographies témoignant des visites de Yeats. Elles n'étaient pas très claires, mais on y voyait la table blanche dressée, un gâteau aux fraises et un poète, appuyé sur une canne, le regard plongé dans un après-midi sans éclat.

D'autres visiteurs aussi parlaient de Yeats. Un prêtre d'une étrange religion arriva un jour, vêtu d'une grande robe noire et portant une longue barbe. « Orthodoxe russe » était le nom de sa foi, et tante Madeleine avait longuement discuté avec lui sur l'art de Yeats. Un ou deux visiteurs vinrent d'Angleterre. Ils parlèrent de la reine. Tante Madeleine avait préparé un dessert à la gelée qu'ils avaient partagé, tout en parlant de la visite imminente de la reine en Nouvelle-Zélande. Ce soir-là, Catherine fit des cauchemars. Elle voyait sa mère, courant dans les bois. Sa mère pleurait. « Maman ! » cria-t-elle, percevant de légers tremblements. Elle se réveilla. Elle descendit l'escalier en courant, ouvrit la porte de la cuisine puis celle du salon. La pièce était plongée dans l'obscurité. Madeleine était assise, les mains étendues sur la table, formant un cercle avec celles des visiteurs, autour d'une chandelle et d'un verre qui se déplaçait.

Elle ouvrit les yeux de nouveau.

Elle entendit parler une infirmière : « Cela prendra encore un peu de temps. »

Son corps glissa dans l'obscurité. Le sommeil était doux à présent : il coulait en elle, comme une rivière.

Elle ne percevait aucune douleur : tout ce qui arrivait était le résultat d'une force de persuasion. Elle s'était tellement préparée pour ce moment où le passé lui apparaissait clairement et où le présent — elle le savait maintenant — était la naissance d'un enfant.

« Susan. » Madeleine parlait à sa mère. Elle entendait encore la voix de Madeleine perçant l'obscurité. « Es-tu malheureuse ? » Catherine avait imaginé cet instant à maintes reprises, un fracas terrifiant, un cri, son cri d'horreur. Madeleine l'avait prise dans ses bras et l'avait couchée. Elle ruisselait de sueur.

« Calme-toi, disait Madeleine. Calme-toi. »

Dans l'embrasure de la porte, les yeux du couple anglais la fixaient, immobiles. Ils paraissaient si stupides que Catherine s'était calmée, réfléchissant à l'espèce humaine. Elle avait dix ans. Elle grandissait.

Elle courait dans les champs, parlait aux moutons, s'asseyait dans le jardin et mangeait du miel. Elle dansait sur la musique du gramophone pendant que Madeleine dactylographiait un essai sur Bucarest pour un journal anglais.

Les visiteurs se faisaient plus rares maintenant ; tante Madeleine buvait du porto et murmurait pour elle-même, et un jour d'été elle s'était mise à pleurer dans le jardin, entourée d'abeilles bourdonnantes. C'était la première de ses crises. De nombreuses autres suivirent. Ses lèvres devenaient de plus en plus rouges de porto et sa voix, de plus en plus craquante. Celle qui n'avait été pour Catherine qu'une gardienne se transformait en femme à part entière, dotée d'une personnalité propre. Le choc de voir Madeleine parler à sa mère laissa place à la curiosité. Catherine s'asseyait au haut de l'escalier pour écouter Madeleine réciter des poèmes dans sa robe de nuit bleue. Ce n'était pas la poésie de Yeats, mais celle d'un obscur Roumain au sujet duquel elle avait publié un livre. Elle balbutiait parfois des mots roumains qu'elle mêlait à des remarques sur le vin, sur les ponts de Paris, sur les grilles d'église de Trieste. Tante Madeleine devenait obsédée.

Un jour, pendant que le gramophone jouait des airs des *Légendes de la forêt viennoise*, Catherine trouva tante Madeleine endormie dans un fauteuil du jardin ; un filet de porto s'échappait de ses lèvres, rouge sang.

L'hiver suivant, Catherine s'était rendue à l'école en traînant les pieds. Tante Madeleine passait beaucoup de temps au lit. Catherine lui préparait des tasses de cacao et tante Madeleine parlait des choucas nichant à l'extérieur. « Ces créatures sont si bruyantes, disait-elle, si bruyantes. »

C'était maintenant Catherine qui veillait sur elle. Parfois, lorsqu'elle entrait dans sa chambre, elle trouvait Madeleine changée, semblable à un homme plus qu'à une femme. Un jour, tante Madeleine s'était levée, s'était habillée de ses plus beaux vêtements et avait emmené Catherine à Dublin. Elles étaient montées dans la colonne Nelson, s'étaient assises dans un café près du pont pour manger une crème glacée aux fraises. Elles avaient parcouru des avenues efflorescentes. Toutes deux s'arrêtaient parfois pour contempler, ébahies, la beauté de la ville. Catherine avait maintenant douze ans. Elle avait déjà vu suffisamment d'histoires tortueuses au cinéma de Carrick-on-Suir pour se rendre compte que le passé de tante Madeleine comportait des zones d'ombre. Ce jour-là, un homme à barbe blanche avait interpellé Madeleine sur une avenue près de Trinity College. Il était accouru vers elle. Ses cheveux blancs et dorés étaient coiffés d'une casquette. Madeleine le fixait du regard. Ses yeux ressemblaient à des papillons effrayés. « Peter, Peter », disait-il sans cesse. Elle balbutiait, parlait de livres, d'un roman qu'elle avait commencé à écrire. Puis, elle avait déclaré : « Je l'ai tué. Je le sais. »

Le train de Wexford traversa des champs resplendissants de printemps. Tante Madeleine murmurait, d'une voix sans souffle : *Quand dans ses yeux brûlait la passion de l'été.*

Comme l'été approchait, elle travaillait sans relâche sur son roman, assise à la table du jardin, vêtue d'une grande robe de soie ornée sur le dos d'un soleil orangé, pianotant de ses doigts minces sur la machine à écrire. Un jour, le vent avait emporté son manuscrit et elle avait poussé un cri perçant, poursuivant chacune des feuilles jusqu'à la dernière, posée sur l'étang, sur un nénuphar prêt à éclore.

Un éditeur arriva de Londres, puis un journaliste. Les journaux anglais montraient tante Madeleine assise sur les bancs d'un parc de Trieste. On la redécouvrait. Elle retrouvait le visage de sa jeunesse dans le jardin. Elle portait une robe rose cet été-là, et les tulipes surgissaient de terre comme des étrangères. Catherine grandissait à présent dans le cercle de l'élite littéraire. Le roman de Madeleine connaissait un immense succès. On rééditait ses autres livres, et un jour d'automne, quelques années plus tard, Catherine et tante Madeleine firent leurs valises et partirent pour Londres. Tante Madeleine avait reçu un prix littéraire. Elle retira Catherine du pensionnat et toutes deux traversèrent la mer d'Irlande, à la grande déception de Catherine, qui ne jouerait pas dans l'opérette *L'Auberge du cheval blanc* montée à l'école. Elles débarquèrent au pays de Galles, prirent le train de Londres et s'installèrent dans une maison aussi blanche qu'un gâteau de noce, dans un square où les feuilles tombaient doucement.

Elle n'était pas restée assez longtemps au pensionnat pour ne pas remarquer la peur dissimulée sous la beauté des traits qui se reformaient sur le visage de Madeleine. Parfois, lors de visites à l'école, ces traits semblaient bizarres et barbouillés.

Que voulait-elle ainsi masquer ? Où se cachaient les secrets de tante Madeleine ? N'eût été une toquade passagère pour une enseignante de son école qui ressemblait à Marianne Faithful, Catherine aurait sans doute passé son temps à chercher des bribes de réponse dans la maison.

À la maison du square venaient des hommes vieillis avant leur temps et de jeunes femmes au visage déjà mûr. Le monde littéraire de Londres se réunissait. Catherine assista à une conférence étrange que donna un Roumain à Bedford Square et trouva en rentrant chez elle des photographies de Yeats au mur et un vieil homme parlant de magie.

Un jour, elle s'arrêta devant la porte de chêne menant au salon. « Peter était un homme tout à fait charmant, disait un vieil homme. Il était l'un des plus grands poètes de son temps. Un jour viendra où il sera reconnu. »

Ce soir-là, tante Madeleine se promenait la tête haute dans la maison. À cette époque, de jeunes hommes venaient la voir. Ils arrivaient en voiture sport rouge et tante Madeleine portait des mini-jupes. Elle avait gagné la lutte contre le temps. Elle était semblable aux jeunes mannequins de Londres. Elle fréquentait un jeune homme aux cheveux dorés, pâles et blonds par endroits, semblables à un lever de soleil en été. Il était angélique. Il garnissait ses poches de mouchoirs rouges et, parfois, une jeune femme téléphonait, s'enquérait de lui. Tante Madeleine l'emmena plus d'une fois dans sa chambre. Puis, ils crièrent et se disputèrent. Il la quitta. Elle pleurait, debout en haut de l'escalier. Catherine lui prit le bras. « Partons, dit-elle. Nous allons le trouver. »

La semaine suivante, tante Madeleine fit le tour des églises orthodoxes grecques, des églises orthodoxes russes. Elle alluma des bougies devant des icônes, chuchotant des prières. Elle convoqua cinq personnes âgées à la maison pour organiser une séance. Cette fois, Catherine s'assit dans la pièce voisine, lisant des contes d'Andersen ; elle constatait, pour la première fois, la place prépondérante qu'occupaient les morts dans l'esprit de sa tante. Il y avait eu l'évocation de sa mère lorsqu'elle avait dix ans. Il y avait eu les images d'Isis parmi les oursons de l'enfance, les chants que sa tante psalmodiait, les herbes qu'elle choisissait sur les collines au milieu de l'été. Tout cela participait d'un occultisme largement répandu dans la région et dont témoignaient les châteaux en ruine, les professeurs décadents, les murmures des fleurs.

Tante Madeleine n'en faisait plus un secret. Catherine écouta ce soir-là. « C'est inutile », dit sa tante dans l'autre pièce. Catherine se promena dans la maison et prit le livre de sa tante sur le tarot, l'ouvrit à la page du pendu, illustrée d'une corde nouée autour du cou d'un jeune homme. « La force de la souffrance est dans cette carte », disait le commentaire. Catherine feuilleta encore le livre. Dehors, le vent mugissait et elle se rendait compte, d'une page à l'autre, que dans ce livre se trouvait une histoire. Elle avait quinze ans. Elle alla à la fenêtre, désireuse de retourner en Irlande, et comprit que la vie commençait pour elle.

Ce soir-là, tante Madeleine lui annonça :

« Nous partons pour le continent.

— Pourquoi ?

— Pour lui parler. »

Lui, c'était Peter. Ce n'était plus de jeunes hommes venant à la maison ou des princes sémillants arrivant de Londres au volant d'une limousine rouge pour emmener Madeleine en ville. *Lui*, c'était le passé de Madeleine.

Plus tard, elle dirait à Adoe qu'il faut accepter tout ce qui vient de l'enfance.

Elle avait accepté tante Madeleine, s'était perdue dans les livres, les primevères, la campagne. Le temps était venu pour elle, jeune fille alerte de quinze ans, de poser des questions, de se demander pourquoi tante Madeleine se comportait de façon si extraordinaire.

Au cours des années suivantes elle rencontrerait de jeunes hommes dans des salons de Dublin qui lui citeraient Henry James. Certaines citations lui paraissaient logiques, expliquant qu'il y a un moment où commence la quête personnelle, la quête des racines, d'un milieu, du passé, du présent, de soi.

Elle observait le reflet de ses cheveux dans l'obscurité d'un taxi qui les conduisait à travers Londres ce soir-là, reflet doré sur fond noir, l'automne dehors, un froid pénétrant dans les feuilles, dans la faible lumière d'un ciel sans lune.

Elles allaient débarquer à Ostende. « Ou allons-nous ? » demanda Catherine. Sa tante la regarda. Elle était habillée de blanc. Ses sourcils formaient une courbe noire. Elle regardait Catherine, qui s'étonnait du ballottement du navire. « Nous allons lui parler. Ne te l'ai-je pas dit ? »

Lui. Peter. Catherine saisissait tout à présent. Il y avait eu un homme. Il avait ruiné la vie de Madeleine. Il l'avait hantée.

Elles arrivèrent à Bruxelles. Il était tard. Un petit restaurant était encore ouvert et elles mangèrent des frites avec de la mayonnaise. Une femme au visage doux les servait.

« J'étais amoureuse, dit Madeleine. J'étais amoureuse. C'était après la parution de mon premier livre. Je marchais le long de Southampton Row un jour, une rose à ma robe, quand je l'ai aperçu. Je l'avais vu dans le journal le dimanche précédent. Je lui ai dit bonjour. Peter était un de ces hommes qui surgissent de nulle part. Ils étaient nombreux dans les années vingt. Gurdjieff, par exemple, était l'un d'eux, de ces hommes sans racines. Peter se disait roumain. J'ai écrit sur lui comme s'il l'était bel et bien. Mais il écrivait en anglais. Il avait un de ces visages qui ont goûté le vin, ont connu les femmes, les tremblements de terre et les révolutions. Il est tombé amoureux de moi et je suis tombée amoureuse de lui. Nous nous écrivions. Nous échangions des billets sous les lustres des salles de fête bondées. Chacun trouvait en l'autre quelque chose à défier, comment dire ? Cette substance qui ne se laisse pas définir, l'âme peut-être. Je voyais en Peter les possibilités de ma jeunesse, le fruit de mon travail, de ma capacité d'écrire. De même, lui trouvait ces choses en moi.

« Son écriture exprimait la subtilité : les murmures de sa poésie recelaient toutes sortes d'occultisme. De mon point de vue, je connaissais les herbes de Wexford, les cartes du tarot, le culte d'Isis. Yeats m'avait parlé des séances auxquelles il avait participé dans sa jeunesse et, malgré ses avertissements, j'ai commencé à prendre part à ces rituels — je le faisais de façon très légère au début, puis je me suis habituée à la présence des âmes solitaires qui hantaient immanquablement la pièce où se déroulaient les séances. Ainsi se passait ma jeunesse, telle potion pour telle affection, un jeu de cartes révélant le passé aussi bien que l'avenir. Mais les relations de Peter s'intéressaient de plus près au surnaturel. Il discutait d'évocation du Malin avec des dignitaires d'un certain culte connu pour ses explorations d'un monde auquel beaucoup de personnes étaient sensibles à l'époque, un monde où se concentraient les forces du Mal en attendant de dominer l'univers. Ces personnes souhaitaient maîtriser ces forces, peut-être pour le bien de l'humanité, peut-être par intérêt pour le pouvoir. Partout on parlait de pouvoir, pouvoir sur les mots, pouvoir sur les hommes.

« Peter et moi, nous voyagions tout le long de la côte est d'Irlande ; nous faisions escale dans des maisons où nous prenions part à des séances et parlions à des ancêtres morts. Nous sommes allés en Europe en 1936. L'année où Mussolini envahissait l'Abyssinie, je gagnais la Méditerranée avec Peter, à cheval. C'était dans le Sud de la France, aux Saintes-Maries-de-la-Mer. C'était en octobre, en l'honneur de sainte Sara, patronne des Gitans. Nous étions sur la route, dans la chaleur de l'automne nous buvions du vin, fumions des cigarettes turques ; il y avait dans chaque petit hôtel des miroirs fêlés, mais nous savions que nous respirions l'élégance, cette qualité extraordinaire qui n'est l'attribut que des seuls jeunes, une parfaite image de la vie, une stabilité que jamais les sages ne pourront connaître. Il y avait des bouteilles de vin rouge et de jeunes hommes aux habits blancs. L'Europe s'effondrait mais nous filions vers le Caire, légers comme l'air ; nous, poète et jeune femme écrivaine, participions à l'effervescence de l'Europe avant son éclatement. Nous étions les fleurs éthérées avant que n'apparaissent les fleuves de sang. Cette conscience du monde nous a amenés un jour à prier : dans une église de la Sardaigne, tous deux assis sur un banc de bois.

« Le voyage de retour, cependant, a été marqué par la rencontre de certains groupes d'amis de Peter, des gens qui avaient des connaissances en Écosse, en Angleterre, en Irlande. Ces réunions étaient amicales au début. Puis, elles ont pris un tour différent. Au cours d'une séance à Gibraltar, j'ai compris que notre mission n'avait rien de divin : les amis de Peter tentaient de maîtriser les forces spirituelles plutôt que de se laisser guider par elles. Ils creusaient les limites d'un paysage occulte, un paysage funeste. Ils étaient victimes d'un désir malsain. Ils cherchaient à prendre place dans un nouvel ordre, l'ordre du Mal.

« Comment t'expliquer pourquoi je me suis engagée dans cela ? Je l'ai fait par amour. J'aimais Peter. Il m'aimait. Il était plus vulnérable que moi. Il avait commencé en dilettante, c'était devenu sa vie ! »

Le lendemain matin, Catherine plia soigneusement sa robe de nuit. Elles venaient toutes deux d'entrouvrir la porte. Elles prirent le train vers Paris. C'était la ville indiquée, celle où elles tenteraient de communiquer avec Peter.

« L'amour, expliquait Madeleine, est une chose bien curieuse. Cela se produit moins souvent qu'on ne le pense. C'est ce qu'il y a de plus surprenant et de plus nourrissant dans la vie. C'est quelque chose de sacré. Voilà pourquoi je veux communiquer avec Peter. Je l'aime. Lorsque nous sommes arrivés à Paris, au printemps de 1937, Peter s'est mis à tourner autour d'une jeune femme mêlée au groupe. Ces gens fabriquaient d'étranges instruments de bois. Ils se préparaient pour l'évocation finale des forces qu'ils étaient parvenus à atteindre. Fidèle à moi-même, je n'en faisais qu'à ma tête. Je suis allée prier à la basilique du Sacré-Cœur, bien que je ne sois pas catholique. Je savais qu'il m'aimait. Pour moi, il avait écrit ses plus beaux poèmes. Mais son esprit se brouillait maintenant. Il me laissait boire du vin seule à l'hôtel, et il s'en allait faire l'amour avec une Finlandaise. Je lui ai pardonné deux fois. La troisième fois, je lui ai annoncé que je le quittais. C'était dans la chambre d'hôtel. Juin approchait. Il y avait des roses, jaunes et rouges. Il a pris les roses et enfoncé les épines dans son poignet, jusqu'à ce que le rouge du sang se mêle à celui des roses. J'ai pris mon sac comme si j'allais partir, mais je suis restée avec lui ; nous avons fait l'amour, et j'ai su que rien dans ma vie ne pourrait être plus divin que cela.

« Je me suis éveillée en fin de soirée à ses côtés, sur un rêve d'arbres en fleurs à Wexford. Nous avons marché le long de la Seine. Nous savions que nous étions follement, éperdument amoureux l'un de l'autre. Et pourtant, tout se passait comme si nous nous trouvions devant un mur. Je lui ai annoncé que je quittais le groupe. Le visage de Peter a pris un air presque grotesque. Il a continué à assister aux réunions. Il ne voyait plus la Finlandaise. Pour ma part, j'écrivais un roman. Un jour, il n'est pas revenu. Son absence a duré trois jours. J'ai voulu me tuer, non pas par amour pour lui, mais parce que je savais qu'il n'y aurait pas d'autre amour. Il est revenu. Je savais qu'il l'avait revue. La fin de son groupe approchait : ils se préparaient à évoquer les forces de... de l'Antéchrist. Je lui ai dit au revoir. J'ai marché jusqu'à la gare du Nord. Là, valise à la main et prête à monter dans le train, j'ai souhaité qu'il meure.

« Le corps de Peter a été retrouvé quelques jours plus tard dans un petit hôtel qui avait brûlé. Il y avait des roses sur le terrain de l'hôtel, je les ai vues dans le journal. Je suis retournée en Irlande. J'ai dit à ceux de mes amis qui étaient aussi les amis de Peter que je l'avais tué, mais ils voyaient sa mort comme une expiation, disant que la résurrection des pouvoirs du Mal ne se produirait pas avant quelque temps encore, qu'il fallait attendre. Je suppose que les premières bombes sur Notting Hill Gate marquaient la fin de cette attente. Je suis devenue pendant ces années semblable à un fantôme. J'étais malheureuse, mais je savais que mon malheur serait peut-être source de régénération. Je désirais parler à Peter de nouveau. Aucune carte du tarot ne révélait sa présence. Je ne pouvais parler qu'à moi-même. Avec le temps, j'ai commencé à donner des fêtes. De jeunes gens y venaient, dont Alec, de qui je suis tombée amoureuse. Nous sommes allés ensemble à Paris. J'ai eu un enfant de lui. Il était atteint de mongolisme et est mort peu après sa naissance. Je savais qu'il n'aurait pas fallu retourner dans cette ville. Je suis rentrée à Wexford pour m'occuper de toi, Catherine. Parfois, je tentais de communiquer avec Peter, en vain. Je sais maintenant qu'il viendra à Paris. Il vaut mieux que je parle aux morts. »

Elle aurait dû reconnaître le caractère sacrilège de la mission. Or, tante Madeleine l'avait convaincue de l'importance de leur aventure, aventure tissée de roses parfumées, oscillant entre Dieu et Satan depuis les jours brumeux d'un printemps d'avant-guerre. « Je sais, disait Madeleine, que la vie est courte. Il y a dans la vie certaines choses qu'il faut protéger comme la rose non éclose. Telle était mon histoire avec Peter. C'était une erreur terrible que de jouer avec la magie. Les jeunes gens commettent souvent des erreurs. Ces séances à Gibraltar et à Paris m'apparaissent aujourd'hui comme un cauchemar. Mais c'est dans le cœur des hommes que se produit le véritable drame, lorsqu'on ne distingue pas l'amour naissant, l'amour fragile. »

À Paris, elles filèrent vers la maison d'une femme russe avec qui tante Madeleine avait conversé. Catherine pensa qu'elles accomplissaient plus qu'un voyage dans le temps : c'était le voyage d'une âme vers le lieu de sa possession. Les jours suivants, elle choisit des cartes du tarot. La figure du pendu occupait toujours le premier plan du tableau.

Dans leur petit hôtel, Catherine étudia Yeats et lut les romans de sa tante. Elle savait que l'Histoire était traversée de périodes irrévocablement funestes — comme celle qu'avait vécue sa tante. Au fil d'une aventure innocente et d'une malheureuse attirance pour les phénomènes surnaturels et dangereux, Madeleine s'était inconsciemment glissée dans un espace maléfique.

Tante Madeleine organisa une séance avec la femme russe comme médium. Les traits de la jeunesse semblaient parcourir son visage. Catherine était effrayée. Elle tenta de dissuader sa tante de poursuivre son projet, mais celle-ci insista. Elles pénétrèrent dans une pièce sombre. Catherine n'était pas tenue de participer à cette séance, mais quelque chose en elle l'y incitait. Elle voulait connaître la profondeur de ses racines, comprendre la raison pour laquelle des personnes innocentes et extraordinaires comme Madeleine demeuraient impuissantes à affronter leur propre destin.

Le bébé arrivait. Il poussait. Les yeux de Catherine s'ouvrirent. Elle frissonnait de joie à l'idée de revoir Adoe, sachant que la dernière image de lui remontait à celle du jardin, avant que le bébé ne se manifeste. Il la regardait de ses yeux étincelants, pailletés de cuivre. Elle voulut le toucher, puis aperçut le visage de Peter tel qu'il lui était apparu lors de la séance à Paris : elle hurla, tordue de convulsions, jusqu'à ce qu'une densité infernale semble éclater de ses entrailles.

Plus tard, elle chercha à comprendre la nature de ce phénomène. Elle apprit que, durant certaines séances, le médium prend parfois la silhouette de l'esprit évoqué. C'est ce qu'on appelle un « ectoplasme ». Ce soir-là, à Paris, une telle manifestation s'était produite sous les yeux de Catherine. Le visage de la Russe s'était voilé des traits de Peter.

Elle ne pourrait jamais dire ce qui était vrai de tout ce que tante Madeleine lui avait raconté. Tout ce qu'elle savait, c'est que les activités occultes de Madeleine étaient plus importantes que ce qu'elle lui avait laissé entendre : elle avait sans doute vécu l'amour avec Peter, mais son intérêt pour le groupe l'avait poussée plus loin qu'elle ne l'admettait.

Elle avait été une grande prêtresse de ce triste culte. Elle avait maudit Peter tandis qu'il cherchait à s'en libérer.

Elle était retournée en Irlande après sa mort. Depuis lors, elle avait cherché à échafauder un autel de souvenirs, un rituel de gestes à l'intention de Peter, afin de le joindre. Ces souvenirs, ces gestes s'étaient concentrés pour éclater au cours de cette horrible séance de Paris : Catherine avait crié de frayeur et tante Madeleine s'était précipitée hors de la pièce en braillant « Je suis mauvaise, je suis mauvaise, mauvaise. »

La vérité avait émergé, d'autant plus horrible qu'elle la ramenait chez elle. Le château ancestral avait été le creuset d'un culte européen visant à amplifier les forces du Mal, à les provoquer jusqu'au point où il serait possible de les endiguer. Ce complot n'était connu que de quelques initiés ; des poètes comme

Yeats et quelques hommes d'État avaient visité le château, n'y appréciant que l'aspect mondain et la luxuriance de ses rosiers.

Catherine n'avait jamais revu ces lieux jusqu'à ce qu'elle y retourne avec Adoe. Elle avait recueilli des renseignements sur Madeleine au cours d'une recherche auprès des gens âgés de Dublin. Tante Madeleine avait été frappée d'incapacité depuis la soirée de Paris. Lorsque Catherine avait avalé des herbicides dans sa dernière année d'école, tante Madeleine, pareille à un spectre de cendres, lui avait rendu visite à l'hôpital. Lorsqu'elle s'était mise à fréquenter une troupe de théâtre de Dublin, dont Adoe faisait partie, tante Madeleine était apparue pour la mettre en garde contre les hommes et plus particulièrement les comédiens. « Ils n'apportent que des souffrances, disait-elle, ils provoqueront ta chute. »

Elles se trouvaient dans l'un des cafés Bewleys lorsque Catherine avait remarqué les larmes dans les yeux de tante Madeleine et avait compris qu'elle s'était repentie. Elle avait été amoureuse autrefois. N'était-ce pas le seul élément sur lequel on pouvait la juger ? Peter était tombé amoureux d'une autre femme, une artiste de cirque finlandaise qui avait tenté de l'éloigner du monde des esprits, des incantations et des paroles apocalyptiques.

Un vieil homme était assis derrière Madeleine. Catherine s'était demandée : « Que puis-je savoir d'une génération qui n'est pas la mienne ? Et surtout, comment puis-je juger ses tourments, ses craintes, ses mouvements, ses faiblesses ? »

Elle jouait la jeune fille dans *Un mois à la campagne*, son premier grand rôle, quand elle apprit la mort de tante Madeleine. C'était la période où les tulipes tentaient péniblement de poindre contre les murs du château. Tante Madeleine était morte dans son cottage. Les obsèques eurent lieu à Dublin. C'était un jour de mai, un jour de marronniers en fleurs et de soleil. Des représentants du gouvernement étaient présents, des hommes âgés, des figures de l'histoire irlandaise. Catherine se demandait, en apercevant les quelques hommes de lettres, les ministres, jusqu'à quel point les divinations de Madeleine avaient pénétré les quartiers chic et respectables.

Un vieux gentleman à la barbe dorée par de fins rayons de soleil lut une oraison funèbre. C'était la fin des mystères. Catherine s'éloigna de la tombe : le passé était enterré, malgré les quelques indices que certains hommes âgés lui donnaient encore sur les activités de tante Madeleine ou les questions que lui posaient parfois des comédiens en pensant qu'elle était experte du tarot.

Les yeux éblouis par le soleil, elle s'éveilla. Debout devant elle, Adoe tenait un enfant dans ses bras. L'enfant avait les mêmes yeux bruns et ronds que lui. Il se pencha pour l'embrasser. Elle se rendormit. Cette fois, son sommeil fut plus doux, et dans ses rêves défilèrent une traînée de perce-neige de janvier, puis un sourire de Madeleine, l'un de ces sourires extraordinaires qu'elle arborait lorsqu'elle présentait un gâteau de Savoie glacé au caramel et s'étonnait de sa vivacité, des possibilités qui s'offraient à elle, jeune femme aux cheveux de jais, femme de talent, « de talent exceptionnel », comme le disaient les textes de présentation, comme le répétaient les hommes âgés, autour d'un whisky, aux fêtes littéraires ou dans les rues de

Dublin, de Paris, de Londres, autrefois, à l'époque loin-
taine où la bruine paraissait plus légère et les circons-
tances semblaient toujours pointer vers un monde, un
monde flottant quelque part au-delà du nôtre.

Traduction de Julie Adam

JOHN MACKENNA

Un amour d'été

John MacKenna est né en 1952 à Castledermot, dans le comté de Kildare. Récipiendaire du Hennessy Literary Award en 1983, du Leitrim Guardian Award en 1986 et du C. Day Lewis Fiction Award en 1989 et 1990, il a fait paraître les recueils *The Occasional Optimist* en 1976, *Castledermot and Kilkea* en 1982, *The Lost Village* en 1985, *The Fallen and Other Stories* en 1992, puis le roman *Clare* en 1993 et le recueil *A Year of our Lives* en 1995. La nouvelle « Un amour d'été » (« A Summer Girl ») est tirée du recueil *The Fallen and Other Stories*.

I

Bannissez du milieu de vous toute espèce d'aigreur, d'emportement, de colère, de cri, d'injure, ainsi que toute méchanceté.

Demande-moi pas d'être logique, de te raconter une histoire cohérente, demande-moi surtout rien de ça. Pas maintenant. Pas quand j'ai le cerveau qui veut éclater. Venez pas ici pour ça, personne autant que vous êtes. Et viens pas m'expliquer comme un beau cave que c'est parce que je suis bouleversée, émotive, en état de choc. C'est sûr que je suis en état de choc, mais pas celui que tu penses. Pas pantoute. Aucun rapport. À part de ça, vous pouvez faire ce que vous voudrez, mais venez pas me parler du héros qu'il était et de sa façon d'affronter ci pis ça. Venez pas me casser les oreilles avec ces niaiseries-là. Jamais. Vous entendez ? Jamais.

Veux-tu que je te parle de héros, moi ? Parce que j'en connais des héros, si ça t'intéresse. Je peux te parler d'enfants qui étaient des héros, de petits enfants. Des jeunes qui ont grandi avant leur temps, parce qu'ils avaient pas le choix, parce que personne était là pour les élever. Ils se sont élevés tout seuls, debout, dans la marde jusqu'aux genoux, parce qu'ils avaient pas le choix. Ça fait que tes histoires de héros, j'en veux pas. J'en ai jusque-là. OK ? Jusque-là.

105

Je vais te raconter une histoire dans ce genre-là, juste une. Tu te cherches un saint pour qui prier, je vais t'en donner un.

Un jeune que je connaissais, onze ans. J'avais quel âge dans ce temps-là ? Quatorze ans. En tout cas, il habitait la même rue que nous. Un jeune tout ce qu'il y a de plus ordinaire. Pas le pire, pas le meilleur. Je le voyais au magasin, à la barrière du chemin de fer, au parc où il jouait au soccer, ce genre d'endroits-là. Il faisait partie de la bande du quartier. Moi, je me tenais plus avec eux, je faisais mes affaires. Pas de baise encore mais ça s'en venait. Des petites passes par-ci par-là. Mais ça, ça fait pas partie de l'histoire. Oublie ça.

Une fois, un jour d'Halloween, tous les jeunes ont commencé à ramasser des pneus, des branchages, des planches, des boîtes, tout ce qu'ils pouvaient trouver pour faire un feu de joie. Ils se préparaient depuis des semaines pour ça, empilaient leurs rebuts dans un coin du parc, en faisaient une montagne, la défaisaient pour refaire tout le bataclan. À croire qu'ils étaient en train de construire le *Queen Mary*. Tout était au point mort, le soccer, les jeux de marrons, ils sifflaient pour qu'on s'arrête. C'était leur but suprême, tu comprends. C'était la vraie vie pendant ces deux semaines-là.

Bref, le jeune participait à plein au projet. Il était le Grand Capitaine ou à peu près. Il est arrivé quelque chose, la veille ou le jour du feu de joie. Il s'est passé quelque chose à la maison, je sais pas quoi au juste. Peut-être qu'il a fait une gaffe. Quelque chose. Il pouvait pas sortir. Peut-être que ses parents voulaient pas qu'il aille près du feu. Je sais pas. En tout cas, lui et ses frères étaient cloués à la maison. Leurs parents les ont envoyés se coucher à un moment donné, à neuf heures, neuf heures et demie. Le feu était prévu pour dix heures. Il avait participé à tous les préparatifs, de A à Z, pas question qu'il manque son feu. Il a rien dit à personne, même pas à son frère. Son frère dormait dans l'autre lit, dans leur chambre. Le jeune sort par la fenêtre aux environs de dix heures et demie, atterrit sur le toit du garage, saute par terre et va rejoindre les autres au feu.

Personne sait vraiment ce qui s'est passé ou comment c'est arrivé. Il est là avec les autres et ils s'amusent comme ils peuvent, quelqu'un pousse quelqu'un et lui, il est projeté au bord du feu, les pantalons et le chandail s'enflamment, un des jeunes jette un manteau sur lui, éteint les flammes et il repart à la maison en courant. Les autres disent rien. C'est une affaire entre lui et ses parents. Il court, ça va bien, il va se faire frapper pour avoir bousillé ses vêtements. Et après ? Mais l'histoire c'est que le jeune est brûlé comme c'est pas possible, les jambes, le dos, les épaules, même le derrière de la tête, mais il dit pas un mot. Il a peur, alors il dit rien. Remonte sur le toit du garage. Peux-tu imaginer l'effort que ça lui a pris, la douleur ? Il rentre par la fenêtre et se glisse dans son lit. Impossible d'enlever ses vêtements, ils sont brûlés sur sa peau, mais il se tait. Il réveille même pas son frère, il se contente de se coucher. Il reste étendu là de onze heures jusqu'à cinq heures du matin, jusqu'à ce qu'il en puisse plus. Il appelle son frère et son frère réveille les parents et ils l'emmènent à l'hôpital et il reste là pour le restant de la journée, jusqu'à huit heures du soir. Et puis, il meurt.

Alors, si tu veux un héros pour ton autel, c'en est un pour toi. OK ? Mets-lui une auréole sur la tête. Il a pas crié plus fort que les autres jeunes, il était pas toujours en train d'essayer de se distinguer. C'était simplement un petit morveux parmi tant d'autres dans une petite ville du comté de Kildare, il aspirait pas à devenir autre chose que ça. Il voulait juste étouffer une histoire qui avait mal tourné. C'est ça que moi j'appelle un héros. Mais il a jamais rien dit de brillant, hein ? Il a jamais eu une crisse de chance de faire son fin finaud. Il est simplement resté couché, en silence. Silencieux comme la mort. Est-ce qu'il fait ton affaire ? Non, aucune chance. Mais il savait ce qu'il avait à faire, tu penses pas ? Il savait ce qu'il avait à faire. Il savait pas mal plus que toi ce qui était correct. Il savait comment mourir.

Toi, le savais-tu ? Savais-tu même comment vivre ? Je te parle pas de toi et moi, je te parle de savoir vivre. De vivre. Partout où tu allais, il fallait que tu traînes ta maudite chaire avec toi, ta crisse de chaire, tu étais pas content ailleurs qu'en chaire, pas vrai ? L'avouerais-tu seulement, si tu étais ici ? Peut-être qu'un des autres gars me dirait que c'était un autel, que tu as sacrifié ta vie et que tu étais là-haut pour le bien de l'humanité, que ça t'excitait pas ? C'est ça qu'ils diraient, hein ? Ils me l'expliqueraient bien lentement parce que je comprends pas vite quand ça passe pas entre mes jambes. Ils me rappelleraient les choses que tu disais. Ils se donneraient beaucoup de mal, n'est-ce pas ? Et ils tiendraient le souffleur loin de moi parce qu'il pense qu'aucune femme peut vraiment comprendre ce que tu voulais faire. On est pas à la hauteur. On était là seulement pour faire la cuisine, le lavage, pour voir à ce que les choses soient présentables. Il admettra même pas que j'aie pu être là pour autre chose. J'aurais pu être là pour baiser, pas vrai ? Mais ça fait pas partie du tableau du souffleur. Qu'est-ce qu'il répète depuis tantôt ? Nous sommes tous faits de chair. Mais il le pense pas sincèrement. Il pense qu'on devrait tous se sauver de notre corps, de la même façon qu'il se sauve des femmes, de moi.

Tu t'es pas sauvé, toi ? Pas de danger. Tu étais trop heureux qu'on reste autour de toi. On peut pas dire que tu nous traitais bien, pourtant. Ou plutôt : on peut pas dire que tu me traitais bien, une fois réglés le bavardage et les apparitions en public. C'est là que tout a commencé à s'écrouler pour nous, pour toi et moi. Quand j'y pense. Quand je pense à notre histoire au début puis à nos dernières semaines. Ça t'a jamais frappé, quand tu avais même pas le temps de me parler un peu, que j'étais la même femme pour qui tu pouvais pas trouver quelques minutes trois ans plus tôt ? Je me souviens de ce que tu m'avais dit, un soir. Assis sur un mur, un soir d'été. Tu as dit qu'il y avait pas assez de minutes dans une journée pour rester avec moi. Ben sûr, mon rayon de soleil. Pas de temps à gaspiller avec moi. Tu étais trop occupé à devenir une légende aux quatre coins du pays.

Permets-moi quand même de te rappeler un certain soir, ç'aurait pu être n'importe quel soir, mais celui-là était un soir particulier. Mais tu l'auras oublié, hein ? Tu es trop occupé maintenant à te prendre pour Dieu et avant, tu étais trop occupé à te faire passer pour un petit saint. Mais je vais te le raconter quand même.

Tu te souviens de mon manteau bleu. Celui qui t'a fait dire que je ressemblais au soleil sur la mer. Va chier, c'est exactement ce que tu as dit. C'est toi-même qui l'a pondue celle-là. Bref, je portais mon manteau bleu ce soir-là. Ça faisait six mois que je l'avais pas porté. Il faisait trop froid pour le porter mais je l'ai mis quand même. C'était ma dernière chance. Il était déchiré au collet, mais je l'ai recousu pour que tu remarques rien. C'est pas que tu l'aurais remarqué de toute façon. Personne aurait remarqué. Ça m'a pris une heure à le recoudre. Pas trop mon genre. Si tu étais ici, tu retournerais toute mon histoire à l'envers. Tu dirais que c'était justement ça le problème, que j'avais changé. Je commençais à faire attention à certaines choses. Tu trouverais encore une maudite raison d'hypocrite pour m'expliquer que c'était pas correct de faire attention. Mais tu vas pas m'empêcher de te raconter ce que j'ai à te raconter. Tu vas m'écouter, cette fois-ci. Où que tu sois. Tu vas m'écouter. Écoute-moi, mon salaud !

J'ai mis mon manteau que j'avais réparé pour qu'il soit comme neuf. Et je me suis lavé les cheveux pour qu'ils soient beaux et qu'ils sentent bon et que tu puisses les caresser sans que tes doigts accrochent sur un nœud. Tu aurais dû être fier de moi. Fier d'être vu avec moi. J'avais jamais été aussi élégante. Je sais que je l'étais. Je le sentais. Va chier. Quand j'y pense. Je me souviens d'avoir descendu l'escalier et de m'être regardée dans le miroir et d'avoir pensé : oui, je l'ai encore. Je suis capable. Je peux danser et je peux avoir un look du tonnerre et je peux le séduire. Je croyais que tu en valais la peine. Et je pensais à ça en sortant de l'immeuble. Il faisait froid dehors mais ça me dérangeait pas. Je savais que ça allait marcher. Je me sentais sûre de moi.

Je pensais aux types qui me payaient pour venir dans mes cheveux et je me suis dit : c'est fini, c'est passé, la page est tournée. Et quoi qu'il arrive ce soir, ce sera jamais pire que ça. Ça va bien aller. Que j'ai pu être naïve ! Je croyais que j'avais tout vu, que jamais je pourrais descendre plus bas. Crisse de naïve.

Je me souviens d'être retournée à l'immeuble avec toi. Minuit et vingt. Tu parlais sans arrêt. Un vrai robinet. J'écoutais même pas. Oh, je t'entendais, mais j'écoutais pas. Je pensais à un gars avec qui je sortais, des années avant tout ça. À Dublin, où je travaillais. C'était un bon gars. Et puis, un soir, il est venu à la maison où j'habitais. Ça faisait des mois que je l'avais vu. Il y avait plus rien entre nous deux, mais il est venu à la maison. J'étais pas là. Ma sœur y était. Elle l'aimait bien. Je veux pas dire pour baiser. Juste comme ça. Pour l'écouter parler. J'étais sortie prendre une cuite avec une des filles qui travaillaient avec moi et le boss de la boutique. Ils sont revenus avec moi. Je voulais baiser avec le bonhomme, le boss. Aucune raison particulière, sinon qu'on était soûls et que ça me tentait ce soir-là. On rentre chez moi, lui, l'autre fille et moi. Je les installe dans le salon et je vais à la cuisine et je tombe sur l'autre gars qui papote avec ma sœur. Il se met à me parler sérieusement. Il me demande de repenser à nous deux, il veut qu'on se marie. Entre-temps, mon amie s'est endormie sur le divan et le boss veut en profiter pour baiser avec moi. L'autre gars est assis dans l'escalier avec ma sœur qui finit par s'en aller se coucher, pendant que moi, je cours d'un côté puis de l'autre. En fin de compte, le boss en a plein son casque, il traîne mon amie jusque dans son auto et l'emmène chez lui, et moi, je descends baiser sur le divan avec mon Roméo retrouvé, mais je suis trop soûle pour faire quoi que ce soit.

En tout cas, je pensais à ça, en revenant à la maison ce soir-là. La fois où deux gars s'étaient intéressés à moi. Ou un, au moins. Toi, tu continuais toujours à parler de morale, de ce qu'il fallait faire. Et j'étais étendue dans l'escalier avec le gars, j'essayais de le retenir et je me demandais comment faire partir le boss assis au salon. Puis il a glissé sa main dans ma blouse, c'était doux et chaud comme les premières fois que je l'avais laissé me toucher. C'est là que j'étais, étendue dans l'escalier. Je me disais que tout était encore possible pour moi, à cette époque. Et puis, je me souviens d'être entrée avec toi dans la maison et d'avoir jeté mon sac sur le divan en sachant que c'était fini. Tout ça était inutile. Sans espoir. Stupide. J'avais tenu un tas de choses pour acquises pendant trop longtemps. Pas toi. Je t'ai jamais tenu pour acquis. Premièrement, parce que je te voulais trop. Et après, parce que je pouvais jamais savoir ce que tu avais l'intention de faire. Tu me laissais jamais savoir d'un jour à l'autre, encore moins te tenir pour acquis. Espèce de salaud.

Tu m'as fait ton boniment sur l'amour, ce soir-là. Sur la vraie signification de l'amour. T'étais vraiment plein de marde. Tu as jamais su comment m'aimer. Et tu as jamais voulu le savoir parce que tu en as jamais eu besoin. Jamais. Pas une fois. Au moins, le type qui me payait pour venir dans mes cheveux avait besoin de ça. Il avait besoin de moi pour ça. Il était prêt à mettre son argent à la même place que sa bitte. Il avait besoin de moi pour ces deux minutes-là, pas vrai ? Toi, tu avais besoin de rien. Tu as jamais, jamais, eu besoin de moi. Jamais. Tu te contentais plutôt de déconner sur l'amour profond et les choses importantes. Tu parlais pas de ça au début, il me semble ? Jamais. Quand on dansait et que tu me serrais contre toi et que tu sentais mes seins et mes mamelons à travers ta chemise et la mienne, il était pas question d'amour profond à ce moment-là, hein ? Pas pantoute. Pas un mot là-dessus. Tu avais pas l'air d'avoir besoin de ça, dans ce temps-là.

Personne pourra jamais dire que je savais pas m'en aller au bon moment. Quand c'était fini, je le savais et je m'en allais avec... avec... une maudite belle élégance. J'ai jamais supplié personne, jamais. Je me suis jamais mise à genoux pour quémander. Et j'ai jamais cassé les oreilles à personne avec des sermons sur les choses profondes et les choses bien et la vie éternelle. Je prenais tout simplement mon manteau ou je me rhabillais, pis je crissais mon camp. Et je parle pas des clients. Je parle de ceux qui payaient pas. Je parle de l'amour, comprends-tu ? Pas l'amour profond. L'amour terre à terre, le sexe cochon. S'envoyer en l'air. Passer à l'acte. Je suis jamais restée quand c'était fini. Je me contentais de m'en aller. Mais tu étais même pas capable de faire ça. Il fallait que tu me déballes un dernier sermon. Au cas où je me serais pas rendu compte que tu étais une personne extraordinaire. Au cas où j'aurais pensé que tu étais juste un autre écœurant qui voulait se débarrasser de moi. Et toute cette foutaise à propos des choses que tu m'expliquerais plus tard — pensais-tu vraiment que j'avais le goût de t'entendre ? Pensais-tu vraiment que tu me ferais avaler ça ?

Écoute, aussitôt que tu m'as embrassée ce soir-là, j'ai compris que c'était terminé. Point final. Je le savais. Quand on s'est rencontrés au pub. Seulement par un baiser. Je savais que c'était fini, oublié, classé. Mais il fallait que je t'écoute raconter à quel point je te manquerais. Tu as débité tout ton baratin comme si tu y croyais. Ben moi, j'y croyais pas. Pas un mot. Pas un. Après que tu m'as embrassée, tu étais parti, j'étais partie moi aussi. Tu aurais pu t'épargner les trois autres heures.

Je te manquerais. Qu'est-ce qui te manquerait ? Tu me voyais même plus. Comme si la moindre lumière t'aveuglait. Il y a pas un crisse de phare d'auto que tu transformais pas en projecteur. Tu pensais que toutes les lumières de la rue étaient braquées sur toi. Tu pensais que tout le monde était impressionné. Tu pensais que j'aurais dû être contente de marcher avec toi une dernière fois. Qu'est-ce qui allait te manquer ? L'odeur de mes cheveux, le manteau bleu, ma façon de rire, mes seins ? Rien de ça allait te manquer, mon rayon de soleil. Rien. J'aurais pu me déshabiller que tu aurais rien vu. Tu aurais continué à m'énumérer ce qui manquait au monde entier et que toi seul pouvais lui apporter. Foutaise.

Mais tu montrais seulement par là que tu m'aimais vraiment, d'un véritable amour. C'est ça que le souffleur me disait, non ? Encore de la foutaise. « Drôle de façon de le montrer », que je lui ai dit. Et il s'est contenté de sourire de son petit sourire tordu.

« Veux-tu voir mes seins ? que je lui ai demandé. Veux-tu ? En mémoire de lui. En l'honneur du bon vieux temps. Tu peux. »

Ça lui a coupé son sourire net. Il est parti.

Il attendait à l'entrée du cimetière.

« Ne te fâche pas contre lui ou moi, qu'il m'a dit. Cela ne sert à rien. La colère n'arrange rien. »

Je me suis mise à déboutonner ma blouse. Debout devant lui, en le regardant dans les yeux.

Je l'ai pas revu depuis.

Le plus drôle, c'est que — c'était quand, une semaine après la dernière fois que tu es venu chez moi ? — quand je suis revenue ici après les funérailles, j'ai retrouvé mon sac sur le divan, à l'endroit où je l'avais jeté quand on est entrés ensemble. Le peu de tristesse que j'avais dans la tête, si même j'en avais... ça s'est envolé en fumée. Espèce de salaud. ESPÈCE DE SA-LAUD.

Je respire tellement mieux depuis que tu es plus dans le décor.

II

Apprenez aux jeunes femmes à aimer leur mari, leurs enfants, à être réservées, chastes, femmes de ménage, bonnes et soumises à leur mari.

Parfois, je pense que la raison pour laquelle je regarde plus par la fenêtre est que j'ai peur de ce que je pourrais voir. Oh, je peux sortir, marcher dans la rue, faire mes affaires, mais je regarde jamais par cette fenêtre-là. Il arrive que quelqu'un vienne pour ouvrir les rideaux, mais je détourne la tête. J'attends que la nuit tombe pour les refermer. Je les referme jamais dans la journée... au cas où. Au cas où je regarderais et verrais quelque chose que je veux pas voir. Ou peut-être, quand j'y pense, quand j'y pense bien, peut-être que la raison est que j'ai peur de ce que je pourrais ne pas voir.

C'était la même chose avec toi. C'était pas tant ce que tu disais qui était important, mais ce que tu disais pas. C'est ça qui me permettait de savoir ce que tu ressentais. Ou ce que tu ressentais pas. Ça revient au même.

Je me suis toujours demandée pourquoi tu me rejetais. Moi-même, il m'arrivait souvent de me retrouver avec quelqu'un, quelqu'un qui m'intéressait pas, mais je le repoussais pas. Et je parle pas d'argent. Des gars avec qui je me trouvais. Je savais que je voudrais plus jamais les revoir, mais pendant qu'ils étaient là je les rejetais pas. J'aurais jamais fait quoi que ce soit pour leur faire sentir ce que je pensais d'eux. J'aurais jamais été aussi cruelle. Jamais. Je faisais ça à personne et je comprenais pas pourquoi tu me traitais comme ça. Ou comment. Comment pouvais-tu arriver à être capable de faire ça ?

Ce serait un peu la même chose de regarder par la fenêtre. Voir le fossé, le vide, s'attendre à ce que quelqu'un soit à l'entrée, compter sur sa présence et puis, voir l'entrée, la grille d'entrée et la rue qui s'étend derrière mais vide, sans personne là. Comme si on t'enlevait quelque chose.

C'est comme un cauchemar. Comme entrer dans la chambre. Ma chambre. Je t'ai déjà raconté mon histoire et je t'ai entendu plus tard la répéter à une foule pour passer un message. Tu étais habile, tu la racontais mieux que moi, mais tu t'en es servi sans me le demander, tu l'as raconté pendant que j'étais là, assise à l'arrière de la salle. Ça ressemblait à un poème tout à coup. Ça ressemblait pas à ça quand je te l'ai raconté. Deux histoires complètement différentes. En t'écoutant je trouvais que tu racontais merveilleusement, mais j'étais en colère que tu la racontes. C'était mon histoire.

C'était une histoire vraie. Tu en as fait une parabole. Qu'elle soit vraie ou fausse, c'était sans importance. Tu parlais des enfants. « Les enfants au cœur de toute chose. » Mais moi, je t'avais pas parlé des enfants. Je t'avais parlé d'un enfant. Un seul enfant. Un garçon. Avec un nom. Des yeux bleu pâle.

Je suis entrée dans la chambre et il dormait dans son berceau, avec son mobile au-dessus de lui. C'était un soir d'été, une soirée chaude, vers huit heures et demie. J'ai déboutonné ma blouse pour l'allaiter et je l'ai pris dans mes bras. Il dormait encore. Il dormait toujours à cette heure-là. Je m'assoyais près de la fenêtre avec lui et il se réveillait et il tétait, lent comme un escargot. Il buvait pendant une heure, une heure et demie, mais ça me dérangeait pas. Il faisait doux et c'était tranquille à cette heure-là. Pas de va-et-vient bruyant dans l'immeuble. Seulement la petite fille qui se promenait à vélo de temps en temps ou quelques jeunes qui s'en allaient au parc avec un ballon de soccer. Je m'assoyais là et il se mettait à boire et j'aimais ça.

Je l'ai installé dans mes bras et j'ai approché sa bouche de mon sein et j'ai rien remarqué. C'est là que tu as réagi quand je t'a raconté l'histoire. Tu as dit : « Tu as dû remarquer. » Mais quand tu as repris mon histoire après, tu as dit comme il était facile de rien remarquer avec les enfants. Tu t'es servi de ma remarque. Mais tu l'as répétée d'une autre façon. C'était cruel de ta part. Parce que j'avais rien remarqué jusqu'à ce que je le regarde, tout fripé dans son pyjama, jusqu'à ce que je sente son visage froid sur mon sein, que je voie sa bouche bleue. Je savais pas jusqu'à ce moment-là. Et après je comprenais trop bien. Et je savais qu'une fois que j'aurais appelé quelqu'un, je l'aurais perdu pour de bon. Le médecin s'en occuperait, après lui les pompes funèbres et après la police et après il serait parti. Alors je suis restée assise avec lui, comme j'aurais fait s'il avait bu. Je suis restée assise à la fenêtre en le tenant contre moi. Et je me sentais vide et en même temps je savais que c'était la dernière fois que j'étais avec lui, lui et moi pour la dernière fois, et c'est pour ça que j'ai pas bougé. Jusqu'à ce que l'obscurité tombe. Ensuite, je l'ai déposé dans son berceau et je l'ai regardé. Il avait un visage de cendre. Un petit visage plein de rides, les traits tirés. Il était parti. Il avait déjà changé. J'ai compris à ce moment-là qu'il fallait que je le laisse partir. J'ai mis ma veste de laine et je suis allée sonner chez le voisin pour qu'il appelle un médecin.

Et je t'ai raconté mon histoire, j'ai pas oublié un détail, et quand tu l'as reprise elle avait plus rien à voir avec moi ou le bébé, c'était ton histoire. C'est pour ça qu'elles t'admiraient tant. Les femmes qui t'écoutaient se disaient que tu étais donc sensible, tellement compréhensif. Moi, j'étais assise là et j'écoutais une histoire bizarre qui parlait d'une affaire bizarre sans rapport avec moi. J'étais pas vraiment fâchée, pas au point de me lever et de crier que tu m'avais volé mon histoire. J'étais triste. Que tu m'aies pris quelque chose de si précieux et que tu l'aies utilisé sans même te demander comment je me sentirais de l'avoir perdu, de me l'être fait arracher. C'était comme si tu avais carrément pris le bébé et que tu l'avais emmené devant ces gens-là, devant moi, et que tu l'avais utilisé pour ta cause.

Et quand je pensais à ça, je me disais, non, c'était sûrement pas son intention, ça se peut pas. Des fois j'étais sûre que non et d'autres fois j'en étais moins sûre, mais finalement je me disais que tu pourrais bien l'avoir fait exprès. Peut-être que tu m'as jamais crue. Tu pensais peut-être que j'avais inventé cette histoire-là pour attirer ton attention. Comme toi-même tu l'aurais fait. Tu devais penser que tu me prenais rien d'autre qu'une histoire inventée. C'est peut-être ça.

Mais c'était pas une histoire inventée.

> Dodo, l'enfant do...
> L'enfant dormira bien vite...
> Dodo, l'enfant do...
> L'enfant dormira bientôt...

Un soir, il y a longtemps, je revenais de Shannon et je rentrais à Limerick. J'étais en auto avec un type, j'oublie son nom. Il m'avait fait monter près de l'ancienne minoterie, sur les quais, et on a pris la route de Shannon. On s'est arrêtés sur le bord de la route et j'ai fait ce qu'il voulait que je fasse, il m'a payée puis m'a fait sortir de l'auto en me disant de me trouver un bus pour rentrer.

Je suis restée là pendant vingt minutes puis un autobus est arrivé. Il pleuvait, pas à boire debout, juste une petite pluie. J'ai fait signe au chauffeur pour qu'il s'arrête, je suis montée, j'ai payé et je suis allée m'asseoir. Il était à peu près dix heures et vingt, dix heures et demie peut-être, un samedi soir. Il y avait seulement deux personnes dans le bus à part le chauffeur et moi. Et deux jeunes assis à l'arrière. Collés l'un sur l'autre.

Complètement enlacés. Les yeux dans les yeux. Ils disaient pas un mot. Ils se regardaient. Assis derrière, dans la pénombre. Je pouvais même pas distinguer leurs visages. J'ai pu voir leurs silhouettes parce qu'une auto est arrivée derrière l'autobus. C'est tout ce que j'ai pu voir d'eux, assise sur le côté.

J'ai jamais vraiment repensé à ça, jusqu'au soir où toi et moi, on revenait de Dublin. Dans le bus de Naas. Il y avait seulement trois ou quatre passagers et on s'est assis à l'arrière, tu as mis ton bras autour de mon épaule et je me suis souvenue des jeunes du bus de Limerick et j'étais heureuse parce que tout à coup on était comme eux. Je te l'ai pas dit. C'était pas important de te le dire. Je savais qu'on était eux. Je savais comment ils s'étaient sentis. Comment je me sentais. Comment, sans doute, tu te sentais. On était assis là et le bus roulait sur l'autoroute à quatre voies, il pleuvait, les fenêtres étaient pleines de buée, il faisait sombre dans le bus et personne parlait. Seulement trois ou quatre inconnus à l'avant de l'autobus, chacun dans son coin.

C'était comme dans un film. On regardait ces gens-là mais ils avaient aucune importance. On les a oubliés, on a glissé dans notre monde à nous et on s'est plus occupés d'eux, ni de la pluie ni du bus ni du voyage ni du froid qu'il faisait dehors. Je savais ce que les jeunes avaient ressenti et je savais que je ressentais la même chose. Et c'était beaucoup mieux que de se contenter de l'imaginer.

J'ai décidé d'aller droit au but. Je voulais que tu respires dans mon cou. Je voulais sentir ton souffle dans mon cou, cette chaleur-là, la douceur de ça. Je te l'ai pas demandé, j'ai simplement tiré ta tête vers moi, lentement, jusqu'à ce qu'elle touche mon épaule. Je sentais ton souffle sur ma peau, juste là, dans le creux entre mes cheveux et mon chandail. Je sentais ta respiration régulière et c'est tout ce que je voulais pour ces quelques minutes-là. Rien de plus. J'étais contente comme ça, de sentir ta respiration, de savoir que tu étais vivant et moi aussi. C'est tout ce qu'il fallait pour me rendre heureuse.

C'était une tout autre histoire le jour où je t'ai connu. Pas de pluie. Du soleil. Pas d'autobus. Je marchais sur la route d'Athy. C'était en septembre. Un soir de septembre ensoleillé. Je marchais tout simplement. J'allais nulle part en particulier. Rien qu'une promenade comme ça, pour sortir et profiter du beau temps, pour prendre l'air. Tu étais assis au bord de la route, ta moto était appuyée contre une grille. Tu faisais rien d'autre qu'être assis. Ton casque et ton manteau étaient posés sur un des poteaux de la grille. Tu portais un tee-shirt bleu, des jeans et des bottes de cuir.

C'est toi qui as parlé le premier.

Tu m'as demandé :

« As-tu fait tout le trajet à pied jusqu'ici ?

— Oui, pourquoi pas ? je t'ai répondu.

— Pour rien, que tu as dit. Je me demandais. C'est loin de la ville. Il fait chaud. Même en moto, j'avais chaud. »

Je t'ai dit de te reposer un peu, dans ce cas-là. Je prenais un air cool, l'air de celle qui en a vu d'autres. Je voyais tout de suite le genre de gars que tu étais.

Peut-être même que tu me connaissais, c'est ce que j'ai pensé, et si ça t'intéressait tu avais simplement à payer, comme tout le monde.

En tout cas, j'étais plus vieille que toi. Ça, je le savais. Pas beaucoup mais quand même plus vieille que toi. Trois ou quatre ans de plus que toi, j'ai pensé, et je me suis pas trompée là non plus.

« Désolé », tu as dit.

J'avais l'impression que tu étais sincère.

« Et toi ? j'ai demandé. Qu'est-ce que tu fais ?

— Je me repose.

— J'avais compris ça. Qu'est-ce que tu fais en général ?

— Je travaille à Naas, que tu as répondu. Un magasin de meubles. Je pense à déménager. Je voulais seulement voir ce coin de pays-là.

— Qu'est-ce que tu en penses ?

— J'ai vu pire.

— C'est partout pareil. Où qu'on soit. Il y a des choses à faire si on ose les faire. Peu importe où on est, on a besoin de sensations fortes. Moi, ce que je dis, c'est qu'il faut s'arranger pour en vivre si on en veut. »

Tu as fait ton sourire tordu, que j'ai pris pour un sourire de gars gêné.

Je pense que c'était vraiment de la gêne, à ce moment-là.

« Parfait, tu as dit. De quoi est-ce que tu aurais envie ?

— Un tour de moto. À cent trente à l'heure.

— Je peux toujours essayer. Tiens, mets mon manteau. Le casque ne ferait pas, mais mets le manteau, sinon le vent va t'arracher tes vêtements. »

Je me suis accrochée à toi, on prenait les virages sur l'accotement, on filait sur la grand-route à cent trente ou presque, la moto rugissait dans la campagne silencieuse. Le froid a traversé le manteau. Mêlé avec la sueur de la peur et la chaleur du soleil. Je me suis mise à crier, moitié de peur, moitié de plaisir, et tu as ralenti peu à peu, puis ralenti encore, puis on s'est immobilisés et j'ai ouvert les yeux et je pensais que le monde tournait encore autour de moi.

« Ça t'a suffi ? » que tu as demandé.

J'ai levé mes yeux vers toi, à travers mes cheveux qui me retombaient sur le visage, et j'ai fait à mon tour mon petit sourire tordu, mon sourire pervers. Mais il y avait rien de mal là-dedans, c'était seulement ma façon de te remercier. Et on est restés les deux à côté de la moto sans dire un mot. C'en est venu au point où ni l'un ni l'autre pourrait parler à moins que quelqu'un ou quelque chose d'autre vienne briser le silence.

On était au bord de la route, une longue route droite, et il y avait une église un peu plus loin. Pas un fidèle paroissien dans les environs. Rien qui bougeait. On aurait entendu une mouche voler. Et on restait là, comme figés dans le décor silencieux. Et plus le temps passait, moins il devenait possible de parler ou de bouger, l'étau se resserrait sur nous. Je suppose qu'on voulait se toucher. Moi, je voulais. J'avais envie de te tirer vers moi ou que tu me tires vers toi. Je savais qu'on pouvait rien faire, pas à cet endroit-là, pas en plein milieu d'une route, mais je voulais faire quelque chose. Je voulais être assez près de toi pour sentir ta peau sur la mienne. Je voulais que tu remarques la sueur dans mon dos, que tu saches qu'elle était là, que tu te demandes si c'était dû à la peur de la promenade en moto ou à l'envie de te toucher. Mais je pouvais rien faire et il était déjà trop tard pour que l'un ou l'autre brise le silence ou pose un geste. Il commençait même à faire nuit. Les champs se fondaient peu à peu dans une brume bleu foncé puis noir pâle. On continuait de regarder droit devant nous, au-delà de la route, du fossé, des champs, mais surtout on évitait de se regarder l'un l'autre. Par peur de se faire prendre. Je sais que j'avais peur de te regarder. Peur de me faire prendre, de casser quelque chose qu'il serait impossible de réparer.

Ce soir-là j'ai pas pensé à ça, mais après je me suis dit que c'était un peu comme la fois où je suis restée assise avec le bébé, parce que je voulais pas rompre le charme. Mais là, c'était une autre sorte de charme. C'était un soir chaud, ça sentait la sueur et le sexe. J'attendais juste qu'on se touche, qu'on soit beaucoup trop excités pour se soucier de qui que ce soit. Je voulais qu'on soit tellement excités qu'on aurait tout oublié sauf nous deux, mais ça aussi c'est passé et le temps a filé et on a glissé dans une atmosphère différente que je pourrais pas décrire maintenant.

On était prisonniers de cette atmosphère-là et ensuite de l'obscurité. Finalement, une auto est arrivée, les phares braqués sur nous, si bien qu'on était aveuglés. Ça nous a obligés à nous remuer, à tourner le dos à la lumière jusqu'à ce que l'auto soit passée.

« On devrait rentrer, tu as dit.

— Ouais, il commence à faire froid.

— Je vais aller moins vite cette fois-ci. Colle-toi le plus possible contre mon dos.

— Tu vas geler, j'ai dit, sans ton manteau.

— Non, ça va aller. »

Et tu as conduit très lentement et j'ai eu l'impression que plus ça allait, moins j'avais froid.

J'aurais fait n'importe quoi pour toi. N'importe quoi. Et tu as jamais voulu.

Je t'ai souvent entendu dire que la fierté était la dernière chose à laquelle les gens renonçaient. C'était quand tu parlais avec les autres, au sujet des gens en général. Ou tu parlais aux gens et c'est ce que tu leur disais. Tu disais : « La fierté est la dernière chose à laquelle on renonce. Les gens s'accrochent à leur fierté, ils s'y agrippent jusqu'à la fin et souvent même après. Ils y renoncent jamais, et si seulement ils y renonçaient... » Et tu finissais pas ta phrase. Tu leur laissais le soin de la finir comme ils voulaient.

Mais moi, c'est la première chose à laquelle j'ai renoncé. J'aurais fait n'importe quoi pour toi, je t'aimais tellement. N'importe quoi. Mais tu me l'as jamais demandé. Parce que tu as jamais voulu.

III

Le langage que parle la croix est une folie pour ceux qui vont à leur perte, tandis que pour ceux qui sont sauvés, pour nous, c'est une force divine.

Tu me dirais : « Raconte ma version de l'histoire », c'est ça que tu dirais, hein ? Tu voulais toujours qu'on raconte ta version de l'histoire. Je veux dire une fois que tu savais où tu t'en allais, que tu étais sûr de toi. Pas au début, pas les premières fois qu'on se voyait, mais de toute façon qui a pas l'air plus fin qu'il est en réalité au début ? On rencontre jamais la vraie personne au début. Jamais.

J'étais la gardienne de la flamme une fois que tu as compris où tu t'en allais. C'est ça que tu m'as dit,

pas vrai ? La gardienne de ta flamme. J'étais la geô-
lière. La surveillante. Mais c'était ta flamme.

Tu me disais de pas me soucier de ce que les gens
racontaient, qu'ils auraient toujours quelque chose à
dire de toute façon, qu'il y avait aucune raison de faire
attention à eux. « Peu importe mes paroles ou mes
gestes, tu disais, les gens vont trouver un moyen d'en
parler. » Je te croyais au début. Et puis, j'ai compris
ton petit manège. Ta façon de patiner. C'était rien
qu'une excuse pour toi. Pour faire ce que tu voulais
faire. J'ai compris ça quand mon tour est venu. C'était
rien qu'un paquet d'excuses, une vraie farce. Un
moyen d'obtenir ce que tu voulais sans avoir à l'assu-
mer. Maudit hypocrite.

On roulait en camionnette le jour où tu m'as dit
ça, de pas m'en faire avec les autres.

« Tu devrais savoir cela, que tu m'as dit. Ce que
les gens disent trahit seulement ce qu'ils ont en eux,
ça n'a rien à voir avec toi. C'est ce qu'ils ont en eux-
mêmes. »

Bien sûr que je le savais, mais là ça m'apparaissait sous un jour différent. Ça me semblait encore plus
vrai quand c'était dit de cette façon-là.

C'était un après-midi de septembre. Le temps était
encore tout ensoleillé, le ciel était clair, mais le fond
de l'air changeait. On sentait la fraîche venir. On sortait de Stradbally, en direction d'Athy, quand on a vu
une auto dans le fossé. Ça semblait pas trop grave,
l'auto s'était retrouvée dans le fossé après avoir glissé
sur la terre argileuse.

Tu t'es arrêté et on est sortis de la camionnette pour
voir si on pouvait faire quelque chose. Je pensais qu'on
pourrait peut-être les aider à sortir l'auto du fossé.

Il y avait deux personnes près de l'auto, le conducteur et une femme. Tu as demandé à l'homme ce qui était arrivé.

« Juste glissé sur l'argile, qu'il a répondu. Juste glissé. »

La femme s'est tournée vers nous. Elle tenait un bébé. Il devait avoir huit, dix semaines. Elle me l'a mis dans les bras.

« Elle s'est cognée contre le pare-brise, m'a expliqué la femme. Je pense qu'elle est blessée.

J'ai regardé le bébé. J'ai tout de suite compris.

Tu es venu nous rejoindre et tu as regardé le bébé.

« Elle est blessée, n'est-ce pas ? » a demandé la femme.

J'ai regardé la femme, puis le conducteur. Ils doivent bien se rendre compte, que j'ai pensé.

Tu t'es mis à parler de la vie. La vie éternelle. Tu as posé la main sur le bébé, sur son visage, en laissant glisser tes doigts le long de son nez, et tu as parlé de la vie qui se laisse pas étouffer, du feu qui brûlera toujours, que tu as dit.

Je sais pas si c'était à cause de tes paroles ou des faits qui parlaient d'eux-mêmes, mais la femme s'est mise à trembler puis à sangloter, ses épaules se secouaient de plus en plus et sa tête avait l'air de ballotter d'un côté puis de l'autre.

J'ai pensé qu'elle allait crier.

Une autre voiture s'est arrêtée et une femme est venue voir ce qui se passait.

« Je pense que vous devriez emmener le bébé à l'hôpital », que je lui ai dit.

La femme a pris le bébé, puis la mère et le conducteur sont montés avec elle et ils sont partis vers Portlaoise.

Tu es resté sur place et tu as continué à parler, à personne en particulier, de la vie éternelle.

Je voulais hurler, te crier de te taire, te dire que le bébé était mort, mais tu continuais toujours à parler.

Je suis retournée dans la camionnette, je me suis assise et je t'ai attendu. Le soleil brillait toujours, je me souviens, mais j'avais froid. À cause de la façon bête, stupide dont le bébé était mort, mais aussi parce que j'étais effrayée de ta froideur, de ton sermon sans fin alors qu'il y avait plus une once de vie dans ce bébé-là. Étais-tu complètement insensible — tu te rendais pas compte de ce que tu venais de faire à ces gens-là ? Non, tu t'en rendais pas compte, tu étais trop absorbé par ce que tu faisais pour toi, dans ta vision des choses. C'était ça, la flamme que je devais garder. C'était ça que je devais porter en moi. Tu pensais que ça en valait la peine.

C'était rien du tout. C'était froid, dur. C'était une affaire entre toi et le souffleur. Mais il y avait rien pour personne d'autre. Rien.

J'ai pas vraiment tout pigé à ce moment-là, mais je commençais à comprendre. Je voyais de plus en plus clair dans ton jeu, mais j'étais encore prête à t'écouter parce que tu m'intéressais. Pas ton message ou ta flamme. Toi. Ton visage. Ton corps. Je voulais te toucher, c'est ces choses-là qui m'intéressaient. Les plaisirs de la chair, c'est comme ça que le souffleur les aurait appelés, pas vrai ? C'est ça qui m'intéressait. J'étais prête à rester près de la flamme pour être près de ton corps.

J'étais prête à t'écouter parler aux autres, à t'écouter parler à des tas de gens un peu partout, pourvu que je sois près de toi. Je pouvais pas supporter ta façon de parler ou certaines choses que tu disais. Elles avaient l'air de paroles creuses. C'étaient des paroles creuses. Mais je voulais pas être loin de toi. Je voulais le toi qui était resté silencieux et solide sur sa moto. Je pensais peut-être que tu redeviendrais comme ça. Je l'espérais.

Je me souviens d'être allée voir ma mère à cette époque-là. Elle était horrifiée. Je m'en suis rendu compte quand elle m'a ouvert la porte. « Tu es bien trop pâle, qu'elle m'a dit. Tu es bien trop maigre. Tu as trente-sept ans, il faut que tu te prennes en main, que tu commences à manger comme il faut, que tu prennes soin de toi, que tu arrêtes de courailler. Tu ne peux plus à ton âge vivre comme une fille de dix-sept ans en pensant que tout va bien aller. Regarde-toi. Tu cours à ta perte, blanche comme un drap, regarde-toi un peu. »

J'ai rien dit.

J'ai toujours été bonne pour rien dire.

Je disais rien pendant qu'on baisait avec moi, à moins qu'on m'ait payée pour parler.

Je disais rien quand ma mère me disait que je courais à ma perte.

Je disais rien pendant que tu parlais aux gens ou que tu me répétais que j'étais la gardienne de ta merveilleuse flamme.

En fait, je disais jamais rien, sauf quand il le fallait, quand je voulais que tu me fasses l'amour, que tu me caresses, que tu mettes ta langue dans ma bouche et que tu arrêtes de parler pour commencer à m'aimer. Là, je me taisais. Mais c'était rendu que tu voulais même plus faire ça. Il y avait pas de temps pour ça, que tu disais. Trop de choses à faire, trop de projets à réaliser. Tu disais ça comme si c'était une parole magique. Trop de choses à faire, trop de projets à réaliser.

Quand j'y repense, je comprends pas pourquoi je suis restée si longtemps. Je voyais pas que tu m'utilisais, je voyais pas clairement la situation à l'époque.

Tu maquillais la réalité pour en faire des histoires. Tu racontais tes histoires aux gens puis tu t'es mis à me parler le même langage.

Je me rappelle la dernière fois qu'on a pris la route ensemble. Je me doutais que ce serait notre dernier voyage et je pouvais pas m'empêcher de repenser à notre première promenade, en moto, et j'aurais aimé retourner là, dans ce temps-là, mais il était impossible de revenir en arrière ou de te faire redevenir l'homme que je croyais que tu étais.

Quoi qu'il en soit, tu t'es mis à me raconter l'histoire de gens qui avaient reçu de l'argent, trois ou quatre gars. Ils sont partis et ont tous fait de belles choses avec leur argent, tous sauf un. Lui, il a enterré son argent. Quand celui qui leur avait donné l'argent est revenu les voir, il les a tous félicités de leur succès, sauf le gars qui avait enterré son argent. Tu m'as dit qu'il avait peur de perdre ce qu'il avait reçu. Mais la personne qui lui avait donné l'argent l'a repris et l'a donné aux autres.

« Tu vois, tu m'as dis, ceux qui font un effort vont réussir, ceux qui n'en font pas vont échouer. Je veux répandre cette parole-là. Ce sont ceux qui travaillent qui m'intéressent.

— Et qu'est-ce qui arrive à celui qui a rien fait ? je t'ai demandé.

— Rayé de la carte, il n'est plus dans l'histoire. Fini.

— Mais c'est parce qu'il avait peur, que j'ai dit.

— Il est rayé de la carte », tu as répondu.

J'ai voulu te dire quelque chose à ce moment-là. Que moi aussi j'avais peur. Mais j'ai rien dit. J'ai pas raconté ta version de l'histoire, hein ? Ça ferait pas ton affaire, je suppose. Mais tu l'as bien assez racontée toi-même. Et tu aurais pu continuer de la raconter si tu avais voulu. De toute façon, le souffleur va se charger de le faire pour toi, maintenant.

Il aura pas peur, lui, pas vrai ?

IV

Il nous a sanctifiés en nous purifiant par l'eau du baptême avec la parole.

J'adore les bois. J'ai horreur de la mer. J'aime le bruit de la mer, mais je déteste la noirceur de l'eau. J'ai toujours détesté ça. Peut-être parce que j'ai grandi loin de la mer. Dans les bois, par un après-midi frais, on peut s'étendre par terre, les mains sous la nuque, et écouter le bruit des feuilles. Et si on ferme les yeux, on peut entendre la mer. L'entendre sans en craindre le danger. Le souffleur aurait raconté que tu étais mort dans l'eau et que c'était là un dernier message, sur la purification par l'eau. L'eau t'aurait purifié de la même façon que tes paroles les ont purifiés, ceux qui t'ont entendu. Il l'a pas dit à moi. Il a peur de moi. Moi et mes fesses. Toi, tu avais pas peur de moi.

Moi non plus, j'avais pas peur de toi. Vers la fin, j'avais peur pour les gens. Peur qu'ils croient tout ce que tu disais. Qu'ils croient que tu pourrais leur redonner leur bébé, guérir leur cancer, soulager leur souffrance. Je savais que tu pouvais pas leur donner ça et j'étais désolée pour eux. Oui, j'étais vraiment désolée pour eux quand je voyais à quel point ils avaient la foi. Je me fiais à mon cœur et je voyais qu'eux aussi, ils se fiaient à leur cœur, et ils te livraient leur cœur pour que tu les sauves d'une chose ou d'une autre, de ce qu'ils craignaient. La maladie. La solitude. Le désespoir. Mais tu voyais rien de ça. Tu voyais seulement tes mains. Tes mains mais pas la tête qui était en dessous, pas le corps sans force, pas le cœur décrissé qui aurait fait n'importe quoi pour appartenir à quelque chose, à ton petit milieu.

Je regardais les hommes qui venaient te rencontrer et je pouvais tout de suite voir leur vie. Je les imaginais quitter leur bungalow à Dublin, leur petite maison trop grande pour eux et je les voyais monter dans leur tacot cabossé, stationné dans leur jardin mal entretenu. Je les voyais conduire en fou pour aller te voir à Naas ou Newbridge ou Baltinglass, pour t'entendre, pour te croire, pour se faire guérir d'une souffrance inguérissable. Je voyais tout ça dès qu'ils entraient dans la salle. Toi, tu voyais rien. Une vraie tête enflée.

Je me fiais à mon cœur. Tu te fiais à tes concepts. Je le savais.

Pas parce que j'étais bornée. Pas parce que j'étais une pute qui s'était fait baiser par des hommes du même genre qu'eux. Si je savais ce qu'ils éprouvaient, c'est tout simplement parce que j'avais vécu un peu la même chose qu'eux, que je les avais entendus parler, que c'est dans mon oreille qu'ils chuchotaient quand ils étaient pas capables de bander. J'ai vu leur maison, leur chambre à coucher qui sentait le linge sale. Je les connaissais mauditement mieux que toi, ces gens-là. J'aurais pu les aider pas mal plus que toi. Je me suis jamais sauvée d'eux, ni de personne d'autre. Puis je m'empêcherai pas de te dire ça, même si t'es mort.

Tu m'as rayée de la carte dès que les autres sont arrivés dans ta vie. Le souffleur, la sangsue, tout le monde. Tu t'es arrangé pour qu'ils te lèchent les bottes, pour qu'ils adorent ton crisse d'autel, pas vrai ? C'était fini pour moi dès ce moment-là. Fini.

Dans les derniers mois, je réfléchissais à tout ça, je me disais : si je l'aime assez fort, il va revenir vers moi. Mon œil. Tu as certainement dû comprendre ça avant de mourir. Au moins ça. Tu as bien dû comprendre que c'est une perte d'énergie d'aimer quelqu'un qui nous aime pas. L'amour, c'est rien qu'une maudite perte de temps. Ça sert à rien quand c'est pas réciproque. J'aurais pu faire n'importe quoi, mais tu te fichais de moi comme de l'an quarante.

Je te faisais l'amour, moi. J'ai jamais baisé avec toi. Tu voulais rien savoir de ça. C'était toujours une affaire d'amour. Une affaire spirituelle, hein ? Comme si nos âmes flottaient au-dessus du lit, pour bénir nos moindres gestes. Mais toi, tu baisais avec moi. Tu étais pas différent des autres, sauf que tu avais un beau mot pour ça. Tu t'enveloppais de paroles qui sonnaient mieux. Mon cul. Je me souviens de la dernière fois, de l'avant-dernière fois qu'on a couché ensemble. Tu m'as dit que j'étais un amour d'été pour toi. Tu as pas dit : tu es l'amour d'un été, ou tu es mon amour de l'été. Tu as dit que j'étais « un » amour d'été. Je m'y suis pas trop arrêtée sur le coup. J'aurais voulu que tu sois moins vague, mais j'ai laissé faire.

C'est seulement par la suite que j'y ai repensé. Un amour d'été. Est-ce qu'il y a un amour d'hiver quelque part, ou un autre amour d'été ? Qu'est-ce que ça peut bien me faire, maintenant.

Je me rappelle pas ce que tu avais l'air, ce soir-là. Seulement ce que tu as dit. Par contre, je me souviens très bien de ce que tu avais l'air quand ils t'ont sorti de l'écluse. Trois jours dans l'eau et tu avais changé. On aurait dit que ta peau allait se crevasser, s'ouvrir pour laisser sortir quelque chose. Pas du sang ou de la chair, juste quelque chose qui se serait déversé et t'aurait laissé plus ou moins comme tu étais auparavant. Tes cheveux semblaient tellement plus fins qu'avant, plaqués sur ton front de porcelaine comme autant de fissures. Et tes mains que j'aimais toucher, dont j'aimais les caresses, étaient différentes, enflées, molles, blanches. Où étaient passées tes couleurs ? Est-ce que trois jours dans la Barrow avaient suffi à enlever toutes les couleurs de ton corps ? Est-ce que douze heures à barboter dans l'écluse avaient pu ramollir tous les os de ton corps ?

Je me suis surprise à souhaiter te revoir comme tu étais avant, avec le même visage qu'avant. Je voulais pas que tu redeviennes vivant. Ta mort me causait pas de chagrin. C'était seulement pour toi. Je savais que tu aurais détesté voir de quoi tu avais l'air. Ta force s'était dissoute dans l'eau, il en restait plus rien quand ils t'ont traîné sur la berge. Tu étais plus rien. Tu étais déjà plus rien pour moi, mais tu avais plus rien à voir non plus avec celui que les gens regardaient dans les yeux pour retrouver l'espoir ou la santé. Tu étais d'un pitoyable... Une masse de chair blanche perdue dans une petite flaque d'eau, sur la berge.

Le souffleur t'a jamais vu comme ça. S'il t'avait vu, il arrêterait de déblatérer ses niaiseries sur la purification de ton corps par l'eau. Il y avait rien de magique là-dedans, ça c'est certain. Tu faisais pitié à voir.

Mais je veux plus parler de ça ni penser à toi. Je veux me fermer les yeux dans les bois. Je veux marcher dans les bois, prendre des sentiers que tu as jamais vus, et écouter les feuilles et peut-être même pas penser à la mer, écouter les feuilles pour ce qu'elles sont. Et puis je veux m'étendre dans l'herbe et regarder la cime des arbres et oublier que je t'ai même connu.

Je veux que l'été revienne, je veux être une femme qui profite du soleil dans les bois, sans me demander comment je pourrais te retenir ou ce que les gens attendent de toi ou ce que toi, tu attends de moi. Je suis bien contente que la flamme se soit éteinte dans la rivière, éteinte une fois pour toutes.

J'aurais aimé que tu sois l'homme que je croyais que tu étais quand on est restés sur la route, dans l'obscurité.

Parfois, quand je m'étends par terre dans les bois, je me redresse sur mon coude et je m'attends à ce que tu sois là. Mais tu es pas là. Si tu étais encore vivant, tu serais pas là, et tu le seras certainement pas maintenant. Et puis je me recouche sur le dos et je regarde les arbres. Et puis va donc chier.

Traduction de Julie Adam

AIDAN MATHEWS

Le séminariste

Aidan Mathews est né en 1956 à Dublin. Son premier recueil de nouvelles, *Adventures in a Bathyscope*, a paru en 1988, son second, *Lipstick on the Host*, en 1992. Son premier roman, *Muesli at Midnight*, paru en 1990, a été traduit en français par Édith Soonckindt, sous le titre *Du muesli à minuit* (Rivages, 1992). Il a également publié deux recueils de poésie, *Windfalls* (1976) et *Minding Ruth* (1983), ainsi que trois pièces de théâtre : *Exit/Entrance, The Diamond Body* et *The Antigone*. Il a reçu de nombreux prix, dont le Irish Times Award en 1974, le Patrick Kavanagh Award en 1976 et le Academy of American Poets Award en 1982. La nouvelle « Le séminariste » (« Scholastics ») est tirée du recueil *Adventures in a Bathyscope*, dont une traduction, également signée Édith Soonckindt, est parue chez Rivages en 1996, sous le titre *Drôles de sensations* (le titre de la nouvelle « Scholastics » dans cette traduction est « Scolastiques »).

Quand je pense à lui aujourd'hui, je me souviens de ses mains. Cela aussi est étrange : au début, c'est son visage qui me fascinait. Il était debout devant la fenêtre, le premier soir, il enlevait sa soutane. Je l'observais attentivement. Lorsqu'il fronçait les sourcils, la peau se plissait entre ses yeux, à l'endroit où se rencontraient ses sourcils, mais nulle part ailleurs. Il avait un sourcil blond et l'autre brun. Je crois aussi qu'il avait oublié de se raser sous la lèvre, mais je n'en suis pas certain ; quoi qu'il en soit, la peau était plus sombre à cet endroit. Des années plus tard, j'étais dans le foyer d'un théâtre et je me trouvais à regarder une sculpture d'Epstein, un visage chargé d'angoisse et de rires. J'étais alors accompagné, mais je me suis entendu dire : « Bien sûr ».

Aujourd'hui, pourtant, c'est à ses mains que je pense le plus souvent. Quand il parlait, il les agitait prestement avec la dextérité d'une femme démêlant des fibres de laine. Je les regardais comme si elles avaient pu, d'un instant à l'autre, relâcher de petits oiseaux, ou un œuf d'oiseau. La première fois que je suis entré dans sa chambre, il m'offrit de l'orangeade. Il me la versa, avec sa preste élégance du geste, dans un verre, un gobelet qui sentait le dentifrice. Peut-être était-ce triste ; la tristesse n'avait pas de mot propre. Je pris le verre comme on accepte un secret.

« Es-tu heureux à la maison ? me demanda-t-il.

— Je ne sais pas. Je suppose que oui. Il est difficile de dire ce qu'on ressent quand on a toujours ressenti la même chose.

— Un jour tu connaîtras l'amour, dit-il. Du moins, je crois, et ce sera sans doute pour le mieux. Tu ne dormiras plus. Peut-être même que tu vas maigrir. Et tu te rendras compte, je ne sais pas, que jusqu'à ce jour tu étais malheureux.

— Oui », répondis-je en regardant ses mains.

Sous mon dos, sous le couvre-lit piqué de roses brunes, un ressort grinçait.

« Rien n'est vraiment important, reprit-il en tournant les mains vers le haut, à travers les ombres bleues qui s'élevaient du tapis. Et pourtant, toute chose a une certaine importance. »

Il avait prononcé les mots « toute chose » en détachant chaque syllabe. J'entendis, à l'extérieur, une sonnette de bicyclette et le claquement d'une portière de voiture, puis trois voix qui discutaient de chaussures.

« Ce que je voudrais savoir, dis-je, c'est pourquoi Jésus ne leur a rien dit sur la pénicilline.

— Que veux-tu dire ?

— Eh bien, s'il leur avait dit, il aurait aidé beaucoup de gens. Il devait bien savoir, et c'est la même chose pour l'électricité. Si on avait eu l'électricité à l'époque, où serions-nous rendus maintenant ? Penses-y un instant.

— Je ne sais pas. Moi, je me demande pourquoi il s'est donné tout ce mal pour le leur dire.

— Leur dire quoi ?

— On se débrouillait assez bien. Et puis, il se met à se promener un peu partout pour nous persuader que, secrètement, chacun de nous est malheureux. »

Son visage était différent quand il parlait de ces choses, il changeait insensiblement. C'était étrange, comme l'odeur d'une cuisine ailleurs que chez soi.

J'aurais aimé qu'il prenne son autre visage, cette expression des parents qui attendent au quai au moment où le train entre en gare. J'avais vu cette expression du visage deux fois déjà : il s'en dégageait un sentiment d'intimité que je voulais protéger. Mais il se leva rapidement et s'éloigna à grands pas de la fenêtre. Un jet de lumière se déchira sur son épaule.

« C'est l'heure du combat d'ours », proposa-t-il.

Agrippés l'un à l'autre, nous luttâmes un moment, roulant dans les ombres bleues et les bouffées de soleil jaunes, butant contre le prie-Dieu, contre une haute pile de livres. Puis je me laissai tomber sur le lit, sans pouvoir bouger ; j'entendais les battements secs de mon cœur résonnant comme des cuillers de bois sur une table. Il se coucha sur moi. Il m'empêchait de bouger et me chatouillait les aisselles.

« Tu es fait, dit-il. Les faits ne mentent jamais et tu es fait. »

C'était une phrase que nous nous disions après chaque combat d'ours.

J'observais les mouvements du plafond. Sa chemise sentait le tabac : c'était une de ses odeurs caractéristiques. Mais il se déboutonna, se dirigea vers le lavabo et se pencha au-dessus du robinet. Quand il se retourna, son nez et sa mâchoire étaient mouillés. Une goutte d'eau roula le long de son cou et traversa sa chemise blanche. Cela faisait une tache grise.

« Je déteste sentir le prêtre », dit-il.

Il nous enseignait l'anglais et le latin. J'avais été nommé responsable du tableau, seul élève à pouvoir échapper à son pupitre. Souvent, quand j'avais fini d'essuyer le tableau, il faisait des dessins multicolores, et ses mains se barbouillaient de craie rose, rouge et violette, comme un Africain primitif tout bariolé. Puis, il s'essuyait les doigts un à un, sur les pans de sa soutane, jusqu'à ce que ses mains redeviennent pure blancheur, mouvement lent et fébrile à la fois. Un midi, dans l'église, j'aperçus une rayure verte fraîchement étalée sur le dossier d'un banc. Je savais qu'il avait été là, qu'il s'y trouvait peut-être encore. Je n'effaçai pas la trace et sortis rapidement de l'église.

Plus tard dans l'après-midi, il me laissa feuilleter le grand livre dont il me lisait des histoires. Il était relié en maroquin rouge, comme l'Évangile posé sur le lutrin ; le texte était en caractères gras noirs et chaque chapitre commençait par des majuscules aux couleurs éclatantes. Je tournais les pages par le coin. Il était penché au-dessus de moi : ma tête frottait le revers de son veston. Nous étions trop près l'un de l'autre, je le sais, maintenant. Il posa ses mains sur le pupitre, de chaque côté du livre : l'odeur du papier ressemblait à celle d'un jupon, un jupon de soie sous un fer à vapeur. Il pointa du doigt l'illustration d'un combat entre deux Grecs, deux soldats recourbés luttant l'un avec une épée dégainée, l'autre avec une lance. C'était Pâris et Ménélas : le premier était un lâche, l'autre un héros. Un héros pouvait couvrir le lâche de mépris, mais les lâches étaient plus rusés, et ils étaient plus nombreux. Mon univers s'élargissait, ses frontières reculaient, péniblement.

Il était parfois sévère, aussi. Un jour, il me rendit l'essai que j'avais composé en disant :

« Quel était le thème que j'avais imposé ?

— Noël, fête du Christ ou des hommes ? »

J'ai répondu promptement, je ne l'avais pas oublié.

« Très bien. C'est une question, n'est-ce pas ? Il n'y a peut-être pas une seule réponse possible, mais cette question doit provoquer une argumentation. Comprends-tu ?

— Oui. »

Il ne sentait pas le tabac quand il entrait dans la salle de classe ; il fallait qu'il reste debout près de la fenêtre, à côté du prie-Dieu, jusqu'à ce que le soleil le réchauffe avant qu'il ne dégage cette odeur, comme l'herbe roussie d'un jardin.

« Là, tu vois, tu utilises trop souvent la même construction, tu te répètes, tu ennuies le lecteur : "ensuite", "et ensuite", "et ensuite". Ce n'est pas suffisant de raconter une histoire. Tu dois me persuader que ton point de vue est important et raisonnable ; exerce-toi à faire attention aux mots, ou à un mot. Le mot est un instrument de précision, il peut faire beaucoup de choses, il déclare la guerre, il signe un traité de paix. Aussi, n'oublie pas d'utiliser des mots comme *mais, cependant, pourtant, néanmoins, en outre*. Et *peut-être*. Feras-tu cela pour moi ?

— Peut-être », répondis-je.

Je l'attendais chaque soir à cinq heures, à la tombée du jour. Il surgissait des rhododendrons jouxtant la remise à vélos, à côté de l'abri antiatomique dans lequel étaient rangés les filets d'exercice. Toujours, il portait un passe-montagne jaune. Un soir, il vint sans son passe-montagne, il sortit des rhododendrons : ce n'était pas comme d'habitude. Je retournai chez moi plus tôt qu'à l'accoutumée.

Je lui pardonnai, bien sûr, mais j'étais contrarié. Pour la première fois, il n'avait pas bouclé la boucle : notre rencontre n'était pas complète, il n'y avait plus de risque. Toutefois, je revisitai sa chambre dès le soir suivant. Il cambrait les reins devant la fenêtre, ses larges épaules obscurcissaient l'espace vitré. Comme il savait remodeler la chambre à la mesure de sa propre silhouette, espace courbe et chaleureux autour de lui, droit debout entre la fenêtre et le prie-Dieu ! Il m'était arrivé de m'asseoir là, seul. L'endroit était tout en angles. D'autres corps avaient dormi dans cette chambre avant lui ; d'autres séminaristes briseraient l'espace après son départ. Pour l'instant, il élevait le gobelet à la lumière, le faisait tourner dans sa main, vérifiant s'il était intact. Ensuite, il le remplit d'orangeade et d'eau. L'odeur me parvenait, de cigarette, son odeur.

« Tu crois toujours que le gobelet est ébréché, dis-je d'un ton joyeux.

— As-tu de nouveaux mots ? répondit-il.

— *Magnanime, reconnaître, hilarité.*

— Es-tu certain d'en comprendre le sens ? » insista-t-il.

J'aimais beaucoup la façon dont il disait « comprendre » : c'était un mot marron, comme le chardon.

« Fais-en des phrases, exigea-t-il.

— Cet homme était magnanime. Il reconnut qu'il ne s'était pas trompé. La remarque fut accueillie dans l'hilarité générale.

— Bien. Tout à fait juste. »

Il sortit de son tiroir une coupure de journal et tira un stylo de la poche de son veston.

« Tiens, tu pourrais peut-être m'aider pour cela. C'est un concours, organisé par une compagnie qui vend de la poudre pour les pieds. Moi-même je l'utilise, après les matches : ça prévient le pied d'athlète, et c'est assez efficace. Il faut inventer un slogan pour une campagne publicitaire encourageant la marche. Il y a une voiture à gagner. »

Sa main tournoyait gracieusement dans les airs, dessinant un signe semblable au chiffre deux.

« À quoi nous servirait une voiture ?

— À nous enfuir rapidement, répondit-il avec un parfait accent américain.

— Où irions-nous ? »

Je pressai le creux du matelas, pour entendre le bruit rauque du ressort. Ses doigts se courbaient, telle une fougère ou une vrille attirée vers la lumière.

« Au Venezuela ! s'écria-t-il.

— En Afghanistan ! hurlai-je en savourant la couleur du mot.

— Écoute ! »

Il parlait d'une voix forte et insistante, levant haut la main pour rabaisser l'air comme s'il s'agissait de lourdes pierres.

« Écoute ! La Terre de Feu. »

Il avait dit cela comme un mot de passe, doucement ; il ne s'adressait pas à moi, je l'entendis simplement. Je suggérai, maladroitement :

« La Terre sainte. »

Il se renfrogna : ce n'était plus le visage d'un parent attendant à la gare.

« Pourquoi bon Dieu penses-tu à la Terre sainte. »

Ce n'était pas tant une question qu'un reproche, le ton de sa voix n'appelait pas de réponse.

« Elle se nommait la Palestine autrefois. »

J'étais attristé, mes mots se précipitaient.

« Dieu l'avait promise au peuple, Moïse y a conduit son peuple. Il a fait jaillir l'eau de la pierre, mais lui-même n'a jamais atteint la Palestine. »

Il m'avait appartenu le jour précédent, ce mot qui désignait la Terre sainte à l'époque où Moïse avait voulu y conduire son peuple : c'était alors un mot brun, avec un peu de vert, comme un léger souffle de vent sur les limbes d'un palmier. Mais il avait maintenant perdu toute couleur.

« J'oubliais, dit-il. Tu te prépares pour ta confirmation. Cela fait partie de tes devoirs. Je suis désolé. »

Sa main s'ouvrait, se fermait pour cueillir l'eau, laissait couler quelques gouttes.

« Penses-tu souvent à ta confirmation ? Es-tu nerveux ? As-tu des soucis, un souci ?

— Est-ce que je dois porter un brassard ? Je déteste les brassards, ce sont d'abominables fioritures. »

J'étais heureux de nouveau, la chambre se courbait tout autour de nous, devenait voile tournoyant.

Son visage débordait de gaieté.

« Tu es génial, dit-il. Quel nom t'es-tu choisi ?

— Thomas. »

Je le prononçai à l'allemande : c'était plus austère.

« En l'honneur de l'apôtre, celui qui doutait, Thomas l'incrédule ? »

Il prononçait ce nom comme dans l'Évangile. Son visage s'ouvrit soudainement, un train approchait, je sentais l'odeur de tabac ; sa main remuait dans l'air comme celle d'une danseuse thaïlandaise.

« Non, répondis-je. Essaie autre chose. »

Je m'assis sur le lit et appuyai sur le creux du matelas. Le cercle se fermait, m'enserrait comme une étreinte.

« Thomas d'Aquin ?

— Non. Essaie encore. »

Le cercle s'était tout à fait refermé, parfait palindrome.

« Thomas Becket ? C'est cela ? J'ai deviné ?

— Thomas More, dis-je finalement. J'ai vu le film dimanche. »

Sa main se referma sur elle-même, comme si elle serrait un caillou, une petite pierre.

« Cela te plaît-il ? Je l'ai choisi pour te faire plaisir. »

Il ramena ses jambes contre lui, recroquevillé comme un fœtus. Dans sa main gauche, il tenait fermement une cigarette : la fumée s'étirait en méandres le long de son genou et de son poignet. Il leva son visage vers moi. Son œil remua nerveusement, se remplit d'eau sous l'effet de la fumée.

« Je t'aime », dit-il.

Il se redressa et écrasa sa cigarette, d'un geste vif, contre la brique du foyer.

« C'est l'heure du combat d'ours », dit-il.

C'est ce jour-là que je sentis pour la première fois le besoin, c'était un besoin, de lui offrir quelque chose, une preuve ou un geste. Peut-être même avais-je compris combien il lui avait coûté de dire ces mots, avec sa langue, sa gorge, son souffle. Il fallait qu'il sache, à son tour, que je m'efforcerais de les mériter, ces sons qu'il s'était risqué à laisser échapper, et qu'il ne pourrait plus reprendre ou effacer. Ils avaient été prononcés, c'étaient des pierres, faites de cercles et de courbes, substance de nos silences.

Je dressai des listes, dont je retins les meilleures idées. J'hésitai un certain temps devant une statuette de porcelaine que j'avais vue dans une boutique de prêt sur gage, sur les quais, un Bouddha vert au large sourire, avec trois mentons. Mais elle ne m'avait pas toujours appartenu : elle se rappelait d'autres mains, celles d'un propriétaire qui désirerait peut-être, souvent, qu'on le rende à sa statuette. Plus tard, je vis un service à thé, disposé sur un plateau de métal semblable à une patène, dans une boutique de vaisselle. Mais le prix n'était pas indiqué : c'était trop élégant.

Je décidai de fabriquer moi-même mon cadeau. Je voulais construire un vaisseau, un modèle de navire de guerre. Il serait fait de bric et de broc, de petits objets bosselés, chaleureux. Je me mis à la tâche avec — le mot était de lui, il me l'avait montré — avec alacrité ; mais l'entreprise échoua. J'avais amassé des matériaux : papier mâché, papier crépon, bâtonnets, bouts d'ardoise : cet amas lutta quelque temps pour prendre forme, puis s'affaissa mollement. J'avais honte. Je repoussai la pâte à modeler et la colle. Mon père, debout derrière moi, poussa un soupir.

« Cela ne peut pas tenir, dit-il comme s'il répétait le refrain d'une prière, comme s'il psalmodiait. Le centre tombe en morceaux. »

Je ne comprenais pas la psalmodie de mon père, elle n'évoquait ni voile tournoyant, ni train entrant en gare.

« Toutes les fois que mon père rentre à la maison, il reste debout devant le foyer et je me sens mal à l'aise. »

« Pourquoi ? » me demandait-il du regard.

« Toutes les fois, repris-je. Je préfère être dans la classe, m'asseoir à l'arrière à côté du radiateur, mais pas à cause de la chaleur. »

Doucement, la chambre demandait : « Pourquoi ? »

« Tu peux penser ce que tu voudras. Quand quelqu'un se tient debout derrière toi, il sait, ou semble savoir. C'est comme quand on se couche. Quand je vais au lit, je dors le dos contre le mur, et je fais de bien meilleurs rêves. »

La chambre tout entière bourdonnait, comme un essaim d'abeilles.

J'achetai un grand modèle à coller, une reproduction du *Victory* de Lord Nelson. Il y avait deux cents pièces ; le manuel d'instructions comprenait sept pages à lui seul. Il me faudrait deux mois, au rythme d'une heure par soir, pour l'assembler, le gréer, le dorloter. J'espérais ardemment pouvoir le terminer à temps pour son ordination. Je le lui offrirais seul à seul ; mieux encore, je le poserais sur la tablette de cheminée, dans sa chambre, à côté de la photographie de la dame à la barrette bleue. En fin de journée, il rentrerait, fatigué, et la vue du navire le laisserait ébahi. Il serait ravi. Il comprendrait.

Je travaillais sur mon présent, chaque soir, installé à la grande table du bureau. Après quelques minutes ou une demi-heure, le creux des reins me piquait : je continuais ; je prenais l'aiguillon qui me piquait le creux des reins et en faisais une partie du navire, du grand foc, des vitres de la coquerie. C'était risqué, insérer chacune des parties, comme la syntaxe d'une phrase latine. Je devais être attentif aux articulations. De plus, je n'avais jamais manipulé de si délicats morceaux : ma dextérité n'était guère développée.

Néanmoins, j'aimais ces soirées, elle donnaient un sens à mes journées, un point d'arrivée. Chaque soir, je dressais l'oreille pour entendre le petit bourdonnement qu'émettait l'ampoule de la lampe, comme celui d'un insecte blessé voletant contre une fenêtre ; c'était un son que j'aimais. Ou le tricot de ma mère, le frou-frou rapide de ses aiguilles lorsqu'elle faufilait ou montait des mailles. Un soir, elle s'approcha de la table à pas feutrés, s'arrêta silencieusement derrière moi. Elle se pencha au-dessus de ma tête, je sentais le souffle de sa respiration sur mon oreille. Elle examina le modèle, attentivement. Je savais qu'il lui plaisait parce qu'elle s'appuya délicatement sur mon dos, dans un geste qui ressemblait à un câlin, ses seins pressés contre mes omoplates. Je m'arrêtai moi aussi pour regarder le navire. J'avais fixé le beaupré, dressé le mât d'artimon sur la dunette et encastré chaque canon dans son embrasure. Il prenait forme, se déployait comme une digitale ou une main accueillante. Ma mère me serra dans ses bras, rapidement.

« Tu vas choisir ta femme avec soin », dit-elle.

Mon père, lui, était plutôt brusque. Il entra dans le bureau, sur le coup de neuf heures, pour regarder les nouvelles. Il se tenait debout près du seau à charbon, écoutant le bulletin. Puis, il dit à la télévision :

« Les prolétaires s'en donnent à cœur joie. »

Avant de sortir, il me jeta un regard. J'avais commencé à enduire les planches de la coque d'un vernis cuivré : le bout de mes doigts reluisait. Je levai les yeux pour croiser son regard. L'arête de son nez était creusée de deux marques, comme une morsure, dues aux lunettes qu'il mettait pour lire. Il essaya de sourire.

« Ce n'est pas cela qui va te faire entrer à l'université, tu sais », dit-il.

« Mon père a deux marques sur le nez, exactement comme toi. » Les ressorts du lit grinçaient et se tordaient. La chambre se repliait sur nous comme une vieille couverture. Ses mains dessinaient des oranges et les lançaient en l'air.

« Est-ce un fait ? demanda-t-il.

— Oui ! » m'écriai-je.

J'étais soulagé ; je sentais son humeur changer. Allongé sur le plancher ciré, il se souleva, légèrement, et plia son tapis de prière en larges rouleaux, comme un parchemin.

« Sais-tu, commença-t-il, je crois que je devrais te prêter mon dictionnaire Oxford des citations. Cela améliorerait de beaucoup ta conversation. Tout le monde te regarderait comme un petit prodige. Je pourrais te vendre à un cirque ou à une émission de cau serie télévisée.

— Ta proposition, répondis-je, est des plus *sexentriques*. »

Il poussa un cri de joie et inclina la tête pour attraper une balle.

« Tu es impayable, dit-il. Tu me fais penser à quelque chose que j'ai lu ce matin. Un rapport des débats parlementaires, rien de moins, fait par un hurluberlu. « Après une interminable séance, explique ce génie, on « a adopté la motion et abandonné le sujet. » Franchement, peux-tu faire mieux ?

— Impayable ! » répondis-je, le regard fixé sur sa main. Elle tirait le cordon d'un store ou distribuait des cartes. Le mur de la chambre glissait vers l'extérieur puis l'intérieur, comme les parois d'une grotte, comme une voile pendante gonflée par le vent.

« As-tu des nouvelles du slogan ? repris-je.

— C'était trop tard, dit-il d'un air triste. Nous avons manqué la date limite.

— Ce n'est pas grave, dis-je pour le consoler. Nous pourrons participer à un autre concours, une autre fois.

— Oui. Tu sais, cela fait vingt ans que je remplis des formulaires de toutes sortes. Je le fais dans mon sommeil. Je vois des feuilles roses perforées avec des lignes pointillées. Elles bondissent sur moi, de tous les coins, en criant *Remplis-nous ! En lettres majuscules !*

— J'ai dû fournir tellement de sortes de documents, et d'autres choses, pour ma confirmation, tu ne peux pas imaginer, expliquai-je. Mon certificat de naissance, même, était d'une autre couleur. Est-ce la même chose pour ton ordination ?

— Non », dit-il laconiquement.

Il alluma une cigarette et expira un cornet de fumée au-dessus du buvard posé sur son pupitre. C'était curieux, parfois, les cigarettes qu'il allumait ne sentaient pas son odeur. Il poussa un petit rire : presque un grognement.

« J'imagine Jésus, dit-il. J'imagine Jésus demandant à Pierre : « Quel était le métier de ton père, et le « nom de jeune fille de ta mère ? »

Ses doigts fermèrent un canif d'un coup sec. Je donnai un coup de poing sur le creux du lit, et le ressort rendit l'âme en gémissant.

« Dis-moi, demandai-je, à quel moment cela arrive.

— Quoi ?

— À quel moment Jésus entre dans l'hostie, je veux dire, après que tu as prononcé les mots. Est-ce que l'hostie devient plus légère ou plus lourde ? Quel mot fait qu'il transforme le pain en lui-même ? Est-ce quand le prêtre dit *Corpus* ou cela commence-t-il à partir de *Hic* ? »

Ses mains pressèrent un accordéon et se rejoignirent ; ses doigts se touchaient. Il s'approcha de la fenêtre et jeta un coup d'œil à l'extérieur, comme s'il avait entendu quelqu'un l'appeler. Je tendis l'oreille aussi : j'entendis le bruit d'une raquette fouettant l'air et celui d'une balle atterrissant lourdement dans le filet. Il leva la tête dans la faible lumière ; un courant d'air emmêla ses cheveux. Le soleil luttait contre les nuages, un rayon perça les carreaux, véritable coup de poing frappant la peau de son visage. Une ecchymose rouge sur sa joue ! Mais le nuage riposta, le soleil battit en retraite, la rougeur pâlit. Il jeta sa cigarette dans le foyer en pierre.

« Je ne peux pas te répondre, dit-il. C'est un secret.

— Je comprends. Ce n'est pas grave. »

La lumière s'intensifia et devint violente, comme celle d'un ciel clair traversant un vitrail. La clarté effaçait son visage dans un bleu dense : mes yeux piquaient. Je voulais que cela finisse ; je ne pouvais pas tolérer cet instant. Il aurait pu me demander n'importe quoi, debout dans les flots de soleil semblables à une cascade de blé. J'aurais confessé quelque histoire terrible ou inventé n'importe quel péché pour qu'il me pardonne. Mais la chambre s'écroula sous son poids de lumière et d'odeurs, ses odeurs à lui. Il allongea le bras pour atteindre la bibliothèque et tira un livre de la deuxième tablette. Il le feuilleta en toute hâte.

« J'ai lu tes poèmes, dit-il. J'ai aimé l'avant-dernier, *L'accident sur ma route*. Il se démarquait des autres, il était précis. Tu dois apprendre, maintenant, à sentir le rythme, ce qui est plus difficile. Écoute. »

Il éloigna le livre à bout de bras et commença à lire :

« *Ils disent que je dus quitter Salamanque / Car seul, à Salamanque, j'échouai en logique.* Ne sont-ils pas beaux, ces vers ? Un jour, peut-être, tu pourrais réussir à faire un poème comme celui-là. Cela prend du temps, toutefois, et du talent. Tu dois attendre : l'attente fait partie du poème. »

Je répétai ces mots pour lui, avec sa voix, son intonation.

« *Palestre*, proposai-je, goûtant les sonorités, est un beau mot, tout comme *alcarazas*. Du moins, je les trouve beaux.

— As-tu remarqué, dit-il, animé, ta voix est en train de muer. Tu vieillis, tu grandis. »

Il frappa doucement mon front avec le livre et leva les yeux au plafond.

« Sais-tu, continua-t-il, que cette année aura été l'année pendant laquelle ta voix aura mué. Imagine. »

Il lança le bras en avant et remit le livre à sa place, coincé entre une rangée de livres de poche et une petite bible épaisse. Je l'observais s'appuyer le visage sur son poignet.

« Est-ce que chaque image compte ? dit-il dans son poignet. Dois-je les additionner toutes ? »

Je terminai le *Victory*, puis je le lui amenai. J'avais prévu attendre le grand jour, mais ma patience fit défaut. Je l'enveloppai de paille, dans un petit cageot qui avait contenu des oranges : des caractères hébraïques étaient imprimés sur les côtés et le mot « Fragile » apparaissait sur le dessus. Quand je l'apportai dans la chambre et le posai sur le lit, il pencha vers le creux du matelas. J'entendis le navire glisser, et la paille craqueter. Il s'accroupit à côté de la caisse et força le couvercle, doucement.

« Qu'est-ce que ça peut bien être ? disait-il sans arrêt. Qu'est-ce que ça peut bien être ?

— Devine.

— L'auréole de saint Anselme, proposa-t-il, pourvue d'une prise multiple à trois douilles ?

— Non ! dis-je en donnant de petits coups de poing sur son épaule, ravi.

— Un soc de charrue miniature du XVIIᵉ siècle provenant d'un canton suisse ?

— Stupide !

— La jambe gauche du pantalon d'Érik le Rouge ?

— Idiot ! »

Mais le cageot était ouvert déjà, l'odeur de la paille s'échappait lentement, et celle du vernis. Il glissa doucement ses mains parmi les fétus et dégagea le modèle. Des brindilles pendaient au gréement. Il les souffla, une à une, puis leva haut le navire, comme un prêtre élevant le calice.

« Je ne mérite pas cela, dit-il. Vraiment, je ne le mérite pas, tu sais.

— C'est pour toi, dis-je. Je l'ai fait pour toi, pour ton ordination. »

Il baissa subitement la tête et le navire glissa, vertigineusement, entre ses doigts. Mais il le retint, le saisit, et les mâts frémirent légèrement. Il le posa sur le pupitre et l'examina avec un stylo. Il était attentif, absorbé à présent.

« Je dirais qu'il est parfait, conclut-il. Il ressemble aux bateaux en bouteille que l'on voit dans les pubs anglais. Je vais le conserver précieusement, tu peux en être sûr. Crois-moi. Tout ce que je peux te dire, c'est merci. »

Il s'accroupit à côté de moi et posa ses mains sur mes genoux.

« Je vais le mettre sur la tablette de la cheminée, me dit-il, près de la photographie de la dame. Maintenant, je voudrais que tu m'écoutes quelques instants, et j'aimerais que tu comprennes, ou que tu essaies de comprendre, ce que je vais te dire. »

Il parlait d'une voix grave au début, puis sur un ton léger, comme s'il s'agissait d'une bagatelle, d'un match annulé.

« Je ne serai pas ordonné cette année. Je suis trop jeune, tu vois. »

Son débit s'accélérait, il voyait que j'étais consterné.

« Je suis trop jeune, insista-t-il. C'est une grande déception, pour moi aussi. Le problème, tu vois, c'est mon âge. C'est comme si tu ne pouvais pas t'inscrire à une classe à cause de ta date de naissance. »

Sa main se resserrait sur mon genou, le sang n'y circulait plus, elle devenait blanche.

« S'il te plaît, ne me rends pas la situation pire qu'elle ne l'est. Tu ne peux pas imaginer ce que je ressens. »

Il ne porterait pas ses nouvelles paroles, ni l'aube, ni la chasuble, ni l'étole. Je ne servirais pas sa deuxième messe, ne recevrais pas sa deuxième bénédiction. J'étais cloué sur place, atterré. Je scrutai ses mains. Il y avait une marque sur son doigt, où il avait enlevé son anneau. Je me demandai où était l'anneau.

« Je vais être en retard pour le dîner. »

Mes mains étaient froides sur le guidon de ma bicyclette, parce que je n'avais pas de poignées en caoutchouc. J'entendis, quelque part, le ronronnement de ma chaîne, comme je descendais l'avenue en roue libre. Nous nous reverrions, nous parlerions ; peut-être même retournerais-je dans sa chambre pour une orangeade, pour le soleil à travers la fenêtre. Mais ce ne serait plus la même chose. Les odeurs s'étaient évanouies pendant qu'il parlait, comme un feu sur lequel on jette de la terre.

Près du trottoir, au carrefour, un pinson ébouriffé barbotait dans une flaque d'eau, donnant des coups de bec furieux à son reflet.

Pendant trois semaines, je l'évitai. Puis, un vendredi, je l'épiai dans la sacristie, il rangeait des vêtements sacerdotaux verts. Ses sandales claquaient sur le plancher, avec un bruit qui me rappelait les bibliothèques. Ce fut plus fort que moi, j'entrai. Lorsqu'il me vit, son visage remua, comme des particules de poussière qu'agite une brise, dans un rayon de soleil.

« Apporte-moi le pain et le vin », dit-il doucement.

Je les lui apportai, les hosties et les burettes.

L'été rompit ses amarres et se déchaîna, comme une bande de musiciens ambulants. Durant les soirées de chaleur moite, des voix d'enfants se répandaient dans l'air comme des taches de vin sur une nappe. Souvent, je marchais autour du terrain, du pavillon aux balançoires du parc. Là, c'était tranquille. Je croisais parfois un prêtre coiffé d'un chapeau et tenant un livre dans ses mains, qui ne levait jamais les yeux ; ou deux prêtres, donnant des coups de canne dans les orties.

J'aimais me promener sur ce chemin. Je battais le gravier : cela me plaisait, le bruit des petits cailloux déplacés.

La dernière fois que nous nous sommes rencontrés, nous avons emprunté le chemin, ensemble. J'étais resté à l'école, ce jour-là, après la fin des classes : je voulais m'entraîner seul dans les buts. Lorsque j'arrivai sur les lieux, il était là, habillé d'un survêtement ajusté, s'exerçant pour le cricket. Il courut à petits pas vers le filet et lança la balle, d'un geste sec, vers le batteur imaginaire. La balle rebondit haut, tournoyant jusqu'aux barres, puis retomba au sol, dans les larges replis du filet. Il la récupéra et retourna à son point de départ, frottant la balle sur sa cuisse. Je l'observai pendant quelques minutes. Quand il eut pris son élan, il recourba les épaules ; mais en relançant la balle, il s'étira de toute sa hauteur, le bras gauche fléchi avec souplesse, vers le haut. La balle partit à toute vitesse, sans bruit, comme un éclair de matière. Il en lançait une autre dans le filet, un lob moins rapide, quand je m'approchai de lui.

Nous marchâmes vers le parc, sur les traces qu'avaient laissées des crampons de chaussures de rugby dans la terre ferme, nos deux chandails ballottant à notre cou. Je partageai une orange avec lui. Il avala sa moitié d'orange d'une seule bouchée et s'essuya les doigts d'une chiquenaude. J'entendais les gargouillements de son estomac. Il m'avait expliqué, des mois plus tôt, que ces bruits étaient dus à des rhumatismes abdominaux. Mais ce n'étaient que des coliques, des problèmes de flatulences. Mon père me l'avait dit. Il ne s'en excusa pas. Il lançait la balle de cricket d'une main à l'autre, délicatement.

Rendu au parc, il la mit dans sa poche. Nous nous assîmes sur un banc voisin des balançoires, où des enfants poussaient des cris stridents. Je ne pouvais pas croiser son regard à cause des enfants sur les balançoires, qui étaient dans mon champ de vision. Leur mouvement m'étourdissait, mouvement flou de gorges nues inclinées, battement de vestes, ou élan de jambes lancées dans les airs, leur peau d'un rose pareil à la chair de poulet. Je fixais le nœud de mes mains jointes.

« Tu fais une prière, dit-il, comme s'il récitait une liste de chiffres, comme s'il psalmodiait, de tes actions de la journée, de tout ce que tu as fait et de tout ce que tu as éprouvé ; et tu l'offres, tu vois, sans paroles, en silence, au silence. Et puis tu vas te coucher sans te sentir aucunement mieux »

Il entrelaçait ses doigts vigoureusement, croisait ses mains jusqu'à ce qu'elles ressemblent à des crochets de grappin ou des tenailles. Je savais, à cause de ses mains emmêlées.

« J'exagère, continua-t-il. C'est comme un goéland qui plonge, lentement, d'un vaste ciel dans une vaste mer. Je ne suis pas profond, tu sais. J'aimerais l'être. Crois-moi. C'est à cause de l'amour, tu vois. Tu peux être blessé ; et tu peux être tellement blessé que tu commences à aimer. J'ai seulement été blessé. Et maintenant, c'est comme un goéland plongeant dans la mer. »

Derrière lui, un enfant agrippé à son siège atteignait le point culminant du mouvement de sa balançoire, hurlant de délice et de terreur.

Rafraîchis par l'air du soir, la chair de poule aux bras, et la lumière plongeant comme des chevaux dans les rhododendrons, nous retournâmes près des buts. Il dit :

« Un combat d'ours. Voilà ce qu'il nous faut. »

Je n'avais pas le cœur de le lui refuser. Nous nous empoignâmes, comme un couple de danseurs ivres, criant comme si nous appelions à l'aide ; nos éclats de rire étaient trop forts. Quand nous fûmes immobilisés, agrippés l'un à l'autre, poussés l'un sur l'autre, il me fit trébucher. Je tombai, lourdement. Il se jeta sur moi. Je sentais son cœur qui battait contre mes os. Nous restâmes étendus, sans bouger. Mes poumons me faisaient mal comme une brûlure d'estomac. Une femme passa près de nous avec un dalmatien. Elle s'arrêta, ahurie. Puis elle continua son chemin, au son cliquetant de la laisse. J'entendais les bruits secs de l'herbe, craquant comme une carapace d'insecte qui se brise. Il se laissa rouler par terre, à côté de moi. Le derrière de sa tête touchait la bordure du massif de rosiers. Il saisit une motte de terre et, riant, la lança vers la femme au dalmatien. Puis il s'assit, les jambes croisées, et entreprit d'extraire un filament d'orange coincé entre ses dents.

« Je l'ai ! dit-il. Enfin ! »

Quand il repartit, ses mains étaient enfoncées dans ses poches. Je voyais la ligne que dessinait leur volume. C'était étrange de ne pas les voir occupées à chercher de nouvelles formes.

Il m'écrivit trois cartes postales, avant la rentrée des classes ; l'écriture était bien la sienne, une écriture en pattes de mouche qui devenait de plus en plus grosse. Souvent, les lettres au bas de la carte étaient quatre fois plus grosses que celles de la date et des salutations. Je savais pourquoi il en était ainsi, et j'avais honte de le savoir. Je les rangeai en lieu sûr, dans un portefeuille en peau de porc.

La première carte montre un navire de haut bord, toutes voiles dehors, sur une mer déchaînée. Lorsque la carte est penchée vers l'arrière, les voiles sont démontées et la mer devient calme. Une fois la carte redressée, les voiles se gonflent, l'eau se colore d'écume blanche. Il y a du vent dans la photographie, m'a expliqué mon père. Je lus la carte : « J'ai choisi cette image parce qu'elle me rappelait tu sais quoi. Eh bien ! me voilà ici, à Rome... Rome, tu te rends compte ! Peut-être que toi aussi, tu verras Rome un jour ! Cherche « vulnérable » dans ton dictionnaire et essaie de l'utiliser avec tes nouveaux mots. De *vulnerare*, « blesser ». Affectueusement, Tom. »

La seconde arrivait de France. Elle montrait une patineuse aux cheveux tressés, faisant le grand écart sur fond bleu. « Hier soir, j'ai assisté à un championnat qui se déroulait sur cet anneau de glace ! écrivait-il. Une jeune femme était la favorite, et elle aurait gagné le trophée — une patineuse en argent, d'une hauteur de quinze centimètres ! — mais elle n'a pas réussi à terminer son huit : elle l'avait presque terminé quand elle a glissé ! En ce moment, je suis dans un musée, rempli de vieilles statues. Bien amicalement, Tom More. »

D'Anvers, un mois plus tard : deux cigognes sur un toit, près d'une antenne, l'air perplexe, vieilli. C'était ma préférée. Je ne décollai même pas le timbre. Il avait écrit : « Si seulement je pouvais m'envoler vers le sud avec elles ! Il fait encore beau, mais la température baisse chaque jour ! Les manteaux font leur apparition dans les rues ! La meilleure des chances pour la nouvelle année scolaire ! Thomas More. »

Une fois, je les posai toutes trois sur la cheminée. Dans leur ordre d'arrivée, je les appuyai contre les éléphants de bois. Mais je revins, quelques heures plus tard, pour les reprendre et les ranger.

Le jour de la rentrée, je les entendis parler, les deux professeurs, dans le couloir. Je passai tout près d'eux. Un homme aux joues veinées disait :

« Drôle de numéro, quand même.

— Je ne sais pas, répondit l'autre d'un air aimable. C'est l'histoire classique, je suppose : une histoire de cœur qui fait perdre la tête. C'est mieux ainsi. Les hommes qui réfléchissent trop sont le fléau de l'Église. On devrait mettre les jésuites au travail. Au bout du compte, ce sont toujours ceux qui ont les pieds sur terre, les vrais hommes de terrain qui font tout le travail. »

C'est alors que je compris. Je traversai les cuisines au sous-sol de la maison des prêtres, remontai par l'escalier de service, passai devant le petit oratoire de Saint-Jean-à-la-Bouche-d'Or pour arriver au palier qui menait à sa chambre. Il fallait être prudent. Je n'avais aucune raison de me trouver là. Mais j'arrivai à sa chambre sans être vu : la porte était entrouverte ; je pouvais voir, de l'escalier, une partie du cadre du lit, qui était en cuivre. À l'intérieur, sur le plancher, j'aperçus un livre, le tome M de l'*Encyclopédie théologique*. Les mots de la table des matières étaient imprimés sur le dos de la couverture : matière, moralité, mysticisme et un supplément sur la mariologie. À côté du livre se trouvait une carte de donneur de rein, son signet. Dans le coin, son *Victory*, mon navire, notre signe, reposait sous une toile de polythène. Le grand mât était brisé, le beaupré penchait sur la proue. Le pupitre, le prie-Dieu, la photographie de la dame à la barrette bleue et la lithographie de Munch avaient tous disparu.

Les mots de l'unique livre qui restait avaient changé. Ils ressemblaient à des objets que l'on trouve dans un coffre à outils — de vieilles choses encombrantes.

À l'extérieur, sous les fenêtres, un maître et un élève secouaient une porte qui refusait de céder.

« Elle est fermée à clé, dit le maître d'une voix forte, ou peut-être seulement coincée ? Pousse un peu plus fort.

— Je crois qu'elle est fermée à clé, monsieur, dit un garçon.

— Fais le tour et va chercher la clé, comme un brave homme », demanda le professeur.

Je n'entendis pas le garçon courir, il n'avait sans doute pas emprunté le chemin bétonné. Je m'agenouillai près du radiateur, sous les stores qui frappaient d'un bruit sourd le rebord de la fenêtre, sur lequel étaient posés trois mégots supportant trois piliers mous de cendre. « En outre », me suis-je dit. « Néanmoins », « de plus », « peut-être ».

Je demeurai silencieux dans la classe. La tête rentrée dans les épaules, les bras raides, je fixais mes genoux. Mais le monde se rapprochait. Il brossait les grandes fenêtres, comme de hautes herbes frappant discrètement, avec un bruit de doigts, de mains qui s'agitent lentement. Je voulais faire cesser ces bruits ; pourtant, je continuais à écouter. Le directeur des études entra dans la classe pour faire l'appel. Je sentais sa présence près de moi. Mais j'étais trop concentré. Je ne répondis pas quand on appela mon nom.

Traduction de Julie Adam

HARRIET O'CARROLL

Le jour du baptême

Harriet O'Carroll est née en 1941 à Callan, dans le comté de Kilkenny, et vit actuellement dans le comté de Limerick, où elle est physiothérapeute. Trois fois récipiendaire du Maxwell House/Arlen House Short Story Competition, elle écrit pour la télévision et le cinéma et est l'auteur de deux pièces de théâtre : *Hanging in, Hanging out* (1992) et *Food for Love* (1993). Sa nouvelle « Le jour du baptême » (« The Day of the Christening ») est tirée du recueil *A Dream Recurring and other Stories and Poems*.

M rs. Morrisey se leva à six heures le matin du baptême. C'était l'heure à laquelle elle avait coutume de se lever, cela ne l'indisposait nullement. Elle pouvait mieux vaquer à ses affaires lorsqu'elle était seule. Elle se dirigea doucement vers la cuisine de la maison endormie, prit le pot de marmelade, le sucrier, le pot à lait, et les porta à la table. Il ne pouvait pas se plaindre de son petit déjeuner, pour le moins. Depuis le lendemain de leur mariage, il était servi à huit heures moins quart, jour après jour, congé ou non, sauf lorsqu'elle était sur le point d'accoucher. Il ne pouvait pas se plaindre, mais il le faisait. La raison et la rectitude ne l'avaient jamais arrêté de faire à sa tête. Ses intérêts se limitaient au terrain de football et aux copains rassemblés dans les recoins sombres et miteux du pub. S'il avait pris une cuite le soir précédent, il trouvait les saucisses trop cuites ou pas assez cuites, quelle que soit leur allure. Ou alors il se levait à midi et bougonnait dans son coin en attendant qu'on les lui réchauffe. Elle n'écoutait pas ce qu'elle ne voulait pas entendre. Si on ne tient pas à faire un trou dans une pierre, pourquoi s'abîmer la tête à frapper. Elle s'était abîmée suffisamment au début. Il était inutile de ressasser ce qui était passé et sans issue. Depuis des années elle était trop occupée pour s'interroger sur ce qui était juste et sur ce qui était mal, et c'était aussi bien ainsi, car elle n'avait guère de jugement.

Elle avait pensé que les derniers outrages auraient incité Dieu lui-même à crier vengeance. Que même de lointains parents auraient été irrités au point de faire preuve de violence. Elle n'aurait pas été étonnée de voir tomber la foudre et le tonnerre. Elle se serait attendue à un boycottage en règle, à du sang versé, à un emprisonnement. Pourtant tout cela ne fit guère de vagues. Une comparution devant le tribunal, une manchette dans le journal local, quelques escarmouches à la fermeture du pub. Elle avait vu pire pour des cas de dopage aux courses de chiens.

Le bébé dormait toujours, grâce à Dieu. Il était bien tranquille jusqu'à maintenant. Il faisait ses nuits. Elle se souvenait encore des premiers pas de la mère de l'enfant. Cela lui paraissait comme la semaine dernière. Une petite chose nerveuse et braillarde, les poings tout menus sur les hanches au moindre bruit, cris et consternation au moindre dérangement. Mrs. Morrisey pensait se rappeler que parfois elle avait marché dans son sommeil, le long de l'étroit couloir, chuchotant doucement et frénétiquement :

« Dors mon enfant, dors maintenant, mon enfant, dors... »

Elle pouvait encore sentir la fatigue dans ses os, sa tête lourde, ses genoux pliés, soupirant de sommeil, chuchotant jusqu'au silence, l'impression d'une fine couche de cire sur son visage, la crainte que ne se réveille aussi l'aîné de trois ans, et la nuit tout d'un coup envolée, personne n'ayant réussi à trouver le sommeil avant que ne vienne le jour. Elle bougeait alors comme si l'immobilité avait signifié la mort, et depuis elle n'avait pas perdu l'habitude. Elle travaillait quelques heures à l'hôtel, comme serveuse lors des réceptions l'hiver, ou comme femme de ménage après le départ des vacanciers l'été. Elle était connue pour être une bonne travailleuse, une femme honnête et une incorrigible bavarde. À tout prendre, il valait mieux parler que réfléchir, et aucun foyer du quartier n'était sans tache.

« Dieu nous garde de tout mal. »

Si Morrisey n'était pas ce qu'il y avait de mieux, il y avait pire aussi. Il ne lui donnait pas un sou, mais au moins il ne la frappait pas. Elle n'avait qu'à ne pas entendre ce qu'il disait, et, après tout, que pouvait lui importer ce qu'il faisait à l'extérieur de la maison ? Elle s'assurait de n'en rien découvrir.

Elle se demandait si Rosaleen allait se marier maintenant. Qui voudrait d'elle ? Et pourquoi devrait-elle s'en soucier ? Elle avait l'enfant. Si elle finissait l'école et se trouvait un emploi, quel qu'il soit, elle serait aussi bien comme ça. Ce n'était guère grâce à l'argent de son père qu'elle avait eu vêtements et nourriture. Cela venait toujours de son travail à elle, les heures passées à frotter, à nettoyer, puis à s'éreinter à l'usine. Jamais une seconde dans la journée. Mrs. Morrisey enleva le support à vêtements de devant la cheminée et plia le tout en de belles petites piles. Elle avait quelques chemises à tremper et elle aurait le temps de les rincer et de les mettre sur la corde avant d'aller à la messe. Dimanche, lundi, toujours elle avait des choses sur la corde, courant après le temps pour finir un travail ou pour en commencer un nouveau. La bruine s'étalait sur les collines quand elle sortit. Une belle journée d'automne, une journée idéale pour l'occasion, comme on disait pour un mariage ou des funérailles. Une journée parfaite pour le baptême de son premier petit-fils.

Elle jeta un coup d'œil à Rosaleen et au bébé avant de sortir. Ils dormaient tous les deux, mère et enfant, deux enfants. Elle détourna rapidement son regard du visage trop pâle de Rosaleen, des cernes qui n'avaient pas leur place sur le visage d'une jeune fille de quatorze ans. Elle s'attarda plutôt à l'enfant. Il dormait comme si jamais il ne se réveillerait, insaisissable dans son inconscience, recouvert de cette aura douce et sereine qui émane même des bébés les plus laids quand ils dorment. Il n'était pas mal comme bébé. Dieu soit loué il était normal, du moins il le semblait. Pas de pied tordu, pas de palais fendu, aucune difformité n'était tombée sur la famille. Cette ultime horreur au moins leur avait été épargnée.

Elle était à trois quarts de mille de la ville. Elle disait souvent que si elle avait mis ses souliers dehors devant la porte, ils auraient marché d'eux-mêmes, tellement ils connaissaient le chemin. Cela ne la fatiguait pas lorsqu'elle allait à la messe par une belle matinée, mais le retour à la maison quand elle était fatiguée, les bras chargés de sacs d'épicerie, ou les os usés d'avoir frotté le plancher de l'un ou de l'autre, ou, pire encore, anxieuse que l'enfant laissé dans le berceau ne soit en train de s'étouffer, ces jours-là le trajet semblait deux fois plus long. La route lui paraissait être toujours en montant, chaque pas était un effort. Tant de fois elle avait mis de côté assez d'argent pour s'acheter une bicyclette, mais toujours l'argent devait être dépensé ailleurs. Maintenant les filles étaient assez grandes pour rapporter les courses à sa place. Ses jambes l'avaient supportée quand elle en avait eu besoin.

À la première messe, elle en était souvent quitte pour un sermon plus court. Le mois prochain ce serait novembre, le mois des morts. On lui rappellerait rituellement son père, qui avait dérivé vers l'enfance puis le coma puis la mort, et la mère de Morrisey, qui avait lutté et s'était acharnée jusqu'à la fin, pendant cinq ans, gémissant, implorant et harcelant pendant chaque minute de lucidité. Mrs. Morrisey trouvait difficile de se sentir édifiée par l'idée de la mort. Elle n'avait pas le temps de mourir. Son mari aussi, se disait-elle, était de la trempe de ceux qui s'accrochent jusqu'à la toute fin. Comme une pierre, ou une mauvaise herbe, il la verrait partir. Le problème avec la messe c'est que cela lui donnait le temps de réfléchir. Elle disait son chapelet avec détermination. Longtemps auparavant, elle avait coutume de dire au confessionnal : « Je laisse mes pensées errer pendant la prière. » À cette époque ses pensées erraient vers quelque plaisir ou vers un bon parti, les yeux rivés sur de belles épaules dans les rangées de devant. Ses pensées aujourd'hui étaient menacées par des vagues de ressentiment. Lorsqu'elle avait vu l'institutrice devant sa porte, elle avait su qu'il se passait quelque chose d'important. Sinon, elle l'aurait simplement fait venir à l'école.

« Inutile de penser à cela maintenant, se dit-elle. Ce qui est fait est fait. »

« Agneau de Dieu, qui enlèves le péché du monde, donne-nous la paix. » C'était presque terminé, quelques minutes encore.

« Compte tes bénédictions », se dit Mrs. Morrisey en son for intérieur.

Morrisey au moins lui avait donné quatre filles, de belles filles en plus, chacune à sa façon. Elle se dit que ses deux garçons aussi étaient des bénédictions. Elle s'était fait autant de mauvais sang pour eux que pour les filles. Ils étaient comme leur père, aussi durs que lui. En revanche, les filles avaient accompagné leur mère dans les tâches de tous les jours, elles savaient ce qu'il fallait faire. Un monde où se trouvaient Maura, Rita, Rosaleen et Nora ne pouvait jamais être complètement noir.

Trois heures plus tard, elle serait de retour à l'église pour le baptême. Le bébé recevrait le nom de Michael. Où irait-il ? Certains dans le village trouvaient qu'elle aurait dû ne rien dire et envoyer Rosaleen au loin. Elle savait qu'on disait cela derrière son dos, et d'autres le disaient sans arrêt devant elle.

« Maggie, moins tu parles, plus vite on oublie. Tu ne peux défaire ce qui a été fait. Pourquoi en aviser tout le monde ? Pense à l'enfant.

— C'est d'abord Rosaleen, mon enfant.

— Écoute-moi bien, Maggie, que vont dire ses compagnes de classe ? Tu ne t'imagines tout de même pas qu'elle va leur faire face ?

— Elle ferait mieux de leur faire face que de savoir qu'elles parlent dans son dos. Inutile d'insister, Rosaleen reste ici. »

Ils arrêtèrent enfin de lui en parler, mais elle savait que les potins continuaient de circuler et de prendre de l'ampleur. Une histoire déjà cruelle et suffisamment incroyable devenait encore plus fantastique et invraisemblable, enrobée du style personnel de chaque conteur. Cela créait de l'indignation, un scandale, une jubilation malsaine, des réflexions grivoises, parfois même, pouvait-on supposer, de la compassion et de la sympathie.

Morrisey ne disait rien. Elle s'était préparée à lui annoncer la chose avec des sentiments d'appréhension et de crainte, mais quand les mots sortirent de sa bouche, elle sentit une curieuse vague d'agressivité. Le morceau de bacon était presque rendu à ses lèvres — lorsqu'elle lui dit :

« Ton petit copain Connors a violé notre Rosaleen. Elle attend son enfant. »

Il posa sa fourchette et sortit aussitôt. Elle s'assit à la table, la tête entre les mains. Elle regarda la graisse en train de se figer dans l'assiette. Dire qu'elle avait déjà pensé que lorsqu'il allait être séparé de sa vieille et misérable mère et de ses sarcasmes, il s'adoucirait et deviendrait plus adulte. Quelle pauvre idiote elle avait été, et était-elle aujourd'hui encore, de s'être lié les mains ainsi. Il ne lui dirait pas un mot, pas plus que si elle n'avait rien dit. Elle aurait aussi bien pu grimper sur une colline et crier tout cela au vent du soir. Il continuerait à manger, à travailler, à boire, à baiser et à dormir, comme il l'avait toujours fait, et rien ne le réveillerait en mille ans. Elle entendit parler d'une bagarre à la sortie du pub, mais de rien qui eût été dit. Lorsqu'elle revit Connors par la suite, il ne montrait aucun signe de mauvais traitement. Elle tourna la tête comme devant une blessure nauséabonde.

« Allez en paix. »

La messe était terminée. Elle aurait le temps de rentrer et de prendre son petit déjeuner à la table. Rosaleen remplissait des biberons dans la cuisine lorsqu'elle entra.

« Il ne s'est pas encore réveillé, maman. Il a eu son biberon à cinq heures. Il a pris quatre onces. Ça lui durera jusqu'à neuf heures et demie, et si je lui en donne un autre à onze heures et demie, ça devrait aller pour le baptême. »

Rosaleen avait déjà adopté la menue routine protectrice, c'était sans retour. Elle était attachée à cette petite vie indépendante, aimant parfois, d'autres fois détestant cette attache. Elle était séparée des jeunes de son âge par la maternité comme jamais elle n'aurait pu l'être par la connaissance de la sexualité.

La maison lui parut chaude et petite après qu'elle eut marché dehors. La vapeur de la bouilloire suffoquait Mrs. Morrisey. Elle ouvrit la fenêtre de la cuisine.

« J'ai toujours eu besoin d'air, dit-elle. Tu ne prendras pas froid, Rosy ?

— Je ne sens rien, dit Rosaleen. Tu vas prendre un peu de thé ? Personne n'est encore levé. »

Mrs. Morrisey s'assit et prit le thé avec sa fille. Elle lui raconta qui était à la messe, ce que chacun portait, pour qui on avait prié, qui était mort dans la semaine.

« Qui aurait pensé que Jimmy Mullen nous quitterait comme ça ? Il ne devait pas avoir plus de cinquante-huit ans, un homme en pleine possession de ses moyens, vif et vigoureux. Je l'ai vu encore il n'y a pas une semaine près de la crèmerie. Et ni femme ni enfant pour hériter d'une si belle maison. Elle ira sans doute à un neveu si elle n'est pas tout bonnement vendue... »

Pendant qu'elle parlait, elle se demandait comment il se faisait qu'elle n'avait jamais remarqué que Rosaleen était enceinte, et que c'était l'institutrice qui avait dû l'en aviser. Elle n'avait pu trouver en elle la force de le croire, et à la fois elle était trop consternée pour le nier. Ce jour-là aussi la pièce était devenue étouffante tout à coup, le vase, le buffet, le chambranle de la cheminée nageaient autour d'elle, et quand ils se posèrent, elle entendit la voix lui dire :

« Cela va sans doute vous donner tout un choc : le père est un homme marié.

— Dites-moi qui c'est, je vous en conjure. »

Elle n'avait aucune idée de qui il pouvait s'agir. Les misérables compagnons de beuverie de Morrisey étaient les derniers à qui elle aurait songé. L'institutrice était une femme forte qui venait d'une bonne famille. Ils n'avaient jamais arrêté d'étudier, ils avaient grandi puis obtenu leur diplôme. Ils étaient mariés aujourd'hui, ou travaillaient pour le gouvernement, c'étaient tous des gens des plus respectables. L'institutrice avait toujours été maître de sa vie. Elle regardait Mrs Morrisey avec une sympathie inutile. Elle se sentait comme devant quelqu'un souffrant d'une maladie incurable, les paroles de soulagement étaient vaines, la seule consolation, bien maigre, était de voir au-delà de l'inévitable réalité. La vie continuerait, jusqu'à ce qu'elle s'arrête.

« Je crois qu'aucune de ses compagnes de classe n'est au courant. Elle ne le savait pas vraiment elle-même, ou plutôt elle se disait que ce ne pouvait être ça. Elle n'a qu'une idée bien vague de... vous savez. Si ce n'avait été de la grossesse, je crois que personne n'aurait jamais su ce qui s'est passé. Elle avait peur de parler, vous comprenez.

— Je ne m'en suis jamais rendu compte.

— Elle a commencé à devenir pâle en classe. Puis je l'ai vue malade, un jour. Après cela, j'ai gardé les yeux ouverts et je l'ai finalement persuadée de tout me raconter. »

Mrs. Morrisey se demandait ce que Rosaleen avait dit à l'institutrice. Le sujet était trop lourd, elle n'insista pas. Plus tard, elle demanda à Rosaleen :

« Pourquoi ne m'as-tu rien dit ?

— Je ne sais pas. Qu'est-ce que je pouvais dire ?

— Veux-tu partir ?

— Non, maman, je veux rester à la maison.

— Très bien, tu resteras ici. »

Rosaleen resta donc avec les siens, et à la naissance de l'enfant, il ne fut jamais question qu'on l'emmène ailleurs qu'à la maison. Morrisey pouvait bien faire ce qu'il voulait, et il choisit de ne rien faire.

Les trois sœurs et les deux frères de Rosaleen vinrent au baptême, et Morrisey aussi resta à l'église après la dernière messe. L'église était vide et résonnait des mots par lesquels l'enfant devenait chrétien. Cela était si bref et durait la vie entière.

Morrisey voulait manger à une heure et demie, au plus tard. Il y avait un match de football qu'il ne voulait pas manquer. Mrs. Morrisey avait préparé la viande et la soupe avant d'aller à l'église ; les pommes de terre étaient pelées ; le chou allait être prêt en une minute. Et même s'il était en retard, pensa Mrs. Morrisey, il ne pouvait pas se plaindre, une fois en combien d'années ? Rita prépara la table, et par bonheur, après ce qu'il venait de vivre, le bébé resta tranquille. Peut-être ne pleurerait-il pas avant qu'ils aient mangé. Ils s'assirent tous les huit, puis elle-même en dernier, lorsqu'un événement tout à fait inhabituel et bouleversant se produisit.

Mrs. Morrisey regarda les deux tranches de bœuf et le vert foncé du chou, la sauce brune à côté des pommes de terre. Contre toute attente, pour la première fois, sans rime ni raison, elle se mit à pleurer. Les larmes tombèrent, d'abord, avant que ni elle-même ni qui que ce soit ne s'en rende compte, puis, avec de plus en plus de force, de grandes secousses chaudes ébranlèrent sa nuque, puis sa gorge et sa poitrine. Sa peau se mit à trembler, son visage à se crisper, le derrière de sa tête lui parut dur, et cette rigidité se répandit à tous ses muscles, tout son corps tremblotant de sanglots et de spasmes, ses poumons criant entre les bouffées d'air et les larmes. Tous cessèrent de manger et la regardèrent. Ce fut Maura, l'aînée des filles, qui prit la situation en main.

« Viens, maman, viens te coucher, je m'occuperai du reste du repas. Allez, viens t'étendre un moment. »

Il y avait un tel cri dans sa tête, un tel enfer de bruit et de sentiments, un tel mélange de misère et de tristesse qu'elle ne se rendit pas vraiment compte que Maura l'aidait à se coucher, qu'on lui enlevait ses souliers, qu'on lui remontait les draps jusqu'au menton. Les sons se multipliaient autour d'elle, un écho d'os entrechoqués, de nerfs à bout, de sanglots, de grondements, d'explosions. Le bruit émanait de son crâne, s'écoulait comme de l'eau vive des murs de la pièce, enveloppait les muscles, les fibres, les cellules de son corps, dans un voile de tumulte et de catastrophe. Comme de la grêle sur une fenêtre, comme des roches tombant d'une montagne, comme un barrage craqué lorsque le dernier pan s'effondre, ses sanglots s'accroissaient en vagues et en cascades, se calmant puis revenant plus forts encore, si bien qu'ils inondaient tout en elle et autour d'elle et à travers elle, jusqu'à ce que l'effort fasse souffrir les muscles de ses pieds autant que les muscles de son visage.

Sans raison, les sanglots cessèrent, et elle sentit en son for intérieur une telle sensation de solitude limpide et sans entrave, une joie si nouvelle et étonnante, une paix si riche et forte qu'elle eut de la difficulté à associer cela à elle-même. Elle semblait flotter dans une mer chaude et turquoise, étendue au-dessus d'un bleu plus profond, sous l'azur du ciel. Bleu au-dessus, bleu au-dessous, et elle était chaude et libre, en suspension entre les deux, tout près de l'essentiel, passive, puissante. L'eau la recouvrait en de douces caresses, l'enveloppait en de délicates ondulations le long de ses membres repliés.

Elle leva les yeux vers le ciel lointain, des oiseaux de mer tout blancs se dessinaient à l'horizon au-dessus d'elle et derrière elle, en quantité infinie. Elle sentait que l'eau au-dessous d'elle était aussi profonde que le ciel était haut, et entre les deux elle était suspendue en un éther serein et éclatant. Le temps était immatériel, elle était là pour toujours dans un glorieux silence, seule avec l'océan, et les oiseaux silencieux au loin.

Mais après un moment, il lui sembla qu'elle n'était plus dans la mer, ou qu'elle n'appartenait plus à la mer, et qu'elle marchait à côté d'elle, sans but et sans effort, le long d'un sentier sur le haut d'une falaise. C'était plutôt comme si elle faisait maintenant partie du ciel et qu'elle atteignait ces sommets incroyables en flottant dans les airs, ou en nageant vers le haut, légère et comme propulsée. Son chemin était bordé de plantes grimpantes, enroulées autour d'arbres desséchés, dont la cime, comme des fontaines, explosait en fleurs écarlates. Ces fleurs étaient comme des étoiles rouges, rouge sang, suspendues et isolées. Dans cette lumière extraordinaire, le rouge était plus remarquable que tout ce qu'elle avait vu auparavant, une couleur qu'elle pouvait goûter et sentir autant que voir, et le vert était plus vert, le blanc plus pur, et toutes les couleurs et les sensations étaient vraies et parfaites au-delà de toute représentation.

En regardant cette mer bleue et éblouissante, elle sentit que celle-ci n'était pas vide, comme elle l'avait supposé, mais que surgissant des profondeurs, s'approchant et disparaissant, pullulaient des poissons, de petits poissons rouges et fluorescents. Il était agréable de les regarder bouger et s'élancer. Ils formaient des dessins impromptus, se déplaçant en petits groupes qui se dispersaient et se reformaient, l'un d'eux parfois s'échappant seul. Ils étaient comme des pétales épars, nageant en guirlandes et en figures, entourant un corps étendu en forme d'aigle, flottant le visage tourné vers le ciel. Elle savait que c'était Morrisey, dans une pose exceptionnellement détendue. Les poissons s'agglutinaient autour de lui, des bancs entiers de poissons, des centaines de petits poissons éclatants. Comme elle les regardait, quelques-uns se mirent à longer la main droite de Morrisey. Elle les vit s'éloigner, tache rouge se dispersant dans le bleu. La couleur était écarlate au début, mais peu à peu elle se dilua au fur et à mesure que les poissons se dispersaient. Puis un autre banc s'approcha, et un autre nuage rouge surgit près de sa nuque. Cela paraissait plus brillant et plus épais, les poissons et les teintes se fusionnant comme une fumée colorée. La couleur semblait attirer d'autres poissons car il en venait maintenant de toutes les directions. De plus en plus de taches rouges ondulaient au milieu du bleu. Le corps sombre devenait plus sombre encore dans la masse de poissons rouges et de sang rouge.

Il y avait un bruit aux confins de son paisible silence. Un cliquetis et une voix. Puis le bruit devint un fin tintement et la voix s'approcha et dit :

« Maman, maman, ça va ? »

Mrs. Morrisey secoua le voile de son sommeil qui l'enveloppait entièrement. Rosaleen était là, une tasse de thé à la main, le regard inquiet devant la masse contre laquelle elle s'appuyait.

« Oh ! ma chérie, tu m'as réveillée, dit Mrs. Morrisey ; et je faisais un si beau rêve. »

Traduction de Louis Jolicœur

NIALL QUINN

Destins

Niall Quinn est né en 1960 a Dublin. Il a vécu en Amérique latine, aux États-Unis, au Bangladesh (où il a été incarcéré pendant quelque temps) et dans quelques pays d'Europe, exerçant différents métiers (plongeur en Écosse, ouvrier à Hambourg, barman à Salamanque). Il a reçu le Brendan Behan Memorial Fellowship Award pour son premier recueil de nouvelles, *Voyovic, Brigitte and other Stories* (1983), d'où est tirée la nouvelle « Destins » (« Fates »). Un roman, *Stolen Air*, a également paru, en 1988.

Q uand ils sont jeunes, leurs yeux ne sont jamais si tendres. Même dans la tristesse, leurs yeux ont la blancheur de l'attente, et ils clignent avec empressement de la tristesse à la joie. Toujours on y trouve l'éclat de la jeunesse et sa douce beauté éthérée. Les larmes pleurent de quitter de tels yeux.

« Votre whisky, monsieur », dit-elle en posant le verre sur la table. Ses yeux hésitèrent un moment autour de lui, de son apparence, avec tendresse.

« Il fait froid ce soir, n'est-ce pas ? demanda-t-elle.

— Oui, répondit-il, j'ai très froid. »

Il but le whisky et ajouta :

« Puis-je en avoir un autre ?

— Mais vous êtes si jeune, dit-elle, et vous avez beaucoup bu. »

Il y avait un rire, une touche de gaieté dans sa voix. Elle prit le verre et s'éloigna, puis elle jeta un coup d'œil derrière son épaule et le vit lui regarder les jambes. Mais il voyait les années qui avaient durci ses muscles à force de marcher d'un client à un autre. Elle avait trente-cinq ans, au moins.

Dehors, la rue était sombre. Personne n'y marchait. Seules deux autres personnes se trouvaient dans le bar et chacune était recroquevillée sur elle-même. La soirée était encore jeune et le battement de la circulation de Paris se faisait entendre doucement, mais sans interruption, des rues avoisinantes.

Elle se plaça devant lui et sourit. C'est alors qu'il sut d'où venait la tendresse : elle pouvait se voir elle-même à travers ses yeux à lui, et elle savait qu'il voyait si peu. Et elle cherchait, comme l'on cherche instinctivement à empêcher de tomber un enfant qui fait ses premiers pas, à jouer instinctivement le rôle de femme du monde qui a tout vu et qui jamais ne lèverait la tête avec un mépris de jeune fille devant les hésitations de ses pieds fragiles.

Il but le whisky d'une gorgée et planta le verre devant elle. Elle n'en fit aucun cas et lui tourna le dos.

« Il est plus simple d'apporter la bouteille, dit-elle. »

Retournant au bar, elle mit négligemment la main sur l'épaule d'un client :

« Rentre chez toi, Patrice, ta femme t'attend. »

Patrice le regarda, lui fit un clin d'œil, se leva et sortit.

Elle avait beaucoup à lui apprendre, c'était évident, mais elle en savait moins qu'elle le croyait.

« Je m'appelle Angela », dit-elle, avant de lui expliquer avec précision le fonctionnement du bec de la bouteille. Elle le regarda à nouveau.

« Tu vas pouvoir payer ? dit-elle.

— Je paie pour ce que je bois. »

Elle parut blessée tout à coup, et très vulnérable.

« Je m'appelle Emmet, dit-il, dans un sourire repentant.

— Tu as un très joli nom, dit-elle d'un ton nonchalant, mais d'un regard si couvert qu'il sut qu'elle voyait un enfant qui pouvait, sans crier gare, dire quelque chose de méchant.

— Je suis désolé, Angela, je suis un peu saoul.

— C'est sans importance, dit-elle. Regarde. »

Il la regarda prendre les clés sous son tablier et ouvrir le juke-box. Elle lui souriait gentiment et se mit à appuyer sur des boutons. Il y avait une famine dans ses yeux, famine des années écoulées, qui n'avaient récolté que quelques souvenirs, et parfois ni même cela. Mais il savait qu'elle pouvait voir la même chose dans ses yeux à lui. Elle le sentait, plus que jamais, à travers ses yeux. C'est pourquoi elle lui prêtait cette attention, comme si elle avait quelque chose à lui prouver.

« Viens, Emmet, je veux danser avec toi. »

Il allait être difficile de se tenir debout, marcher serait impossible, mais danser lui ferait du bien, si seulement il pouvait se lever de la table sans tomber. Il se souvint de se tenir droit et de marcher comme s'il voulait se rendre dix pas plus loin que là où il voulait aller. Elle l'attrapa, se mit à rire, et mit ses bras autour de lui. Elle était chaude et douce, et quand il la regarda dans les yeux, il pensa, l'espace d'un moment, voir une jeune fille ricaneuse dans ses bras. Il rit.

« Imagine, Angela, je vais pouvoir dire à mes petits-enfants que j'ai dansé avec la plus belle femme de Paris quand j'avais vingt ans. »

Elle détourna les yeux.

« Tu es trop jeune pour parler d'avoir des petits-enfants. »

Et il se rendit compte qu'il avait été stupide et indélicat. Aussitôt elle le regarda et vit son regret.

« Ça ne fait rien, dit-elle en le serrant contre elle, c'est l'hiver dehors et il fait chaud ici, et tu me plais.

— Pourquoi ?

— Je suis née à Paris, Emmet. Paris, ça a toujours été chez moi. Même si je ne connais personne, je connais au moins les pierres des rues. Tu ne serais pas si seul si tu pouvais en dire autant.

— Non, sans doute. »

C'était la seule chose à dire. Elle était passée bien près de l'injurier. Il savait qu'il était étranger chez eux, étranger à leur langue maternelle qui leur collait à la peau et parfumait l'air, étranger comme un enfant ébloui, le regard envieux, devant la vitrine trouble de leur langue fine et gracieuse. Et ce sentiment de solitude, permanent et incommunicable.

« Pourquoi es-tu venu à Paris ?

— Seulement pour quitter un autre endroit.

— Tu étais malheureux en Angleterre ? »

Il se mit à rire. Interloquée, elle cessa de danser et, à un pas de lui, se mit à l'observer.

« Dis-moi, fit-elle en souriant, pourquoi ris-tu ?

— Parce que je sais que tu crois que l'Irlande n'est qu'une autre de ces déconcertantes excentricités anglaises. »

Pour un moment, la tendresse revint dans ses yeux. Elle lui sourit avec bienveillance.

« Je comprends, Emmet. Attends, je vais faire du café. »

Il cessa de rire et retourna s'asseoir à sa table, sentant qu'il venait de dire quelque chose d'intelligent et à la fois de charmant et d'enfantin. Par dépit, il prit la bouteille et but à même le goulot, examinant la ligne de l'étiquette pour voir combien venait de lui coûter sa gorgée. Il dépensait plus d'argent qu'il ne pouvait se le permettre à chaque goutte qui passait dans sa gorge.

Elle mit la tasse devant lui et lui dit : « Cul sec. »

Il obéit. Le liquide frappa son estomac, puis son corps en entier, avec la lourde léthargie d'un coup inamical.

« Angela », s'écria-t-il, avant de croiser les bras sur la table et de tomber endormi.

* * *

Elle le secoua jusqu'à ce qu'il se réveille. Son ivresse s'était pour une bonne part dissipée. Il alla aux toilettes, pour plus de confort il choisit les toilettes des dames, et subit avec philosophie le déplorable dégât que rejeta son corps. Il se lava et regretta l'état de son veston, sa chemise sale. Autrement, il paraissait bien. Du moins il était passable.

Le bar était fermé. La seule lumière provenait de la porte derrière le comptoir. Angela circulait dans la pièce, nettoyant les tables déjà propres. La bouteille avait été rangée, mais il pouvait voir le reflet ambré dans le verre sur la table.

« Cette tasse que tu m'as donnée, Angela, qu'est-ce que c'était ?

— Pas mal, non ?

— Il y avait des œufs ?

— Oui. Et de l'huile d'olive. Tu ne t'en es pas rendu compte ?

— Bien sûr, Angela, bien sûr. »

Le whisky était terminé, rien dans le bar n'exigeait encore quelque touche de nettoyage nerveux. Toute parole qu'il eût prononcée l'aurait fait paraître comme un mendiant ; et le silence en faisait un suppliant.

« Pourquoi es-tu venu à Paris en hiver ? demanda-t-elle, à brûle-pourpoint.

— Je cherchais quelque part où aller, commença-t-il, et je me suis arrêté ici.

« — Viens, je dois fermer, lui dit-elle en le conduisant vers la sortie, avant de se retourner et de verrouiller la porte. J'habite au dernier étage, le quatrième. »

Elle lui prit le bras et ils se mirent à monter l'escalier.

« C'est un tout petit appartement, continua-t-elle. Le propriétaire me le loue pas cher parce que je travaille dans le bar.

— Je croyais que tu étais la propriétaire.

— Non, une simple employée. »

Ils gravirent le reste des marches.

La porte de l'appartement donnait directement sur une petite cuisine. Une porte située juste avant la fenêtre donnait sur l'unique autre pièce. L'endroit paraissait chaleureux après la longue montée. Il enleva son veston. Le plus étrange de la pièce est qu'elle n'avait pas de chaises. Un lit, oui, et une garde-robe ; mais pour s'asseoir, qu'un assortiment de coussins sur la petite surface du plancher. Il laissa son veston tomber doucement sur le sol. Elle sourit, amusée de voir qu'il ne comprenait pas que la pièce était beaucoup plus dégagée sans chaises. Et tellement plus chaleureuse. Elle s'assit et, donnant de petites tapes sur le sol à côté d'elle, lui dit : « Assieds-toi ici. »

Il s'assit. Elle mit ses bras autour de son cou et l'embrassa, collant nonchalamment ses lèvres sur sa bouche et son visage, gentiment toutefois, avec désir, avec douceur. Il mit ses mains de chaque côté du chandail d'Angela, dont le corps se dressa, comme celui d'un cygne, puis le chandail glissa par-dessus sa tête. Elle approcha ensuite sa main d'Emmet, comme une baguette magique, et commença à détacher sa chemise. Elle l'embrassa de nouveau sur la bouche, puis elle détacha son soutien-gorge et se colla contre lui.

« Tu es si chaud, dit-elle, si chaud. »

Il existe une légende, une ancienne légende païenne du début de l'humanité, une légende de sauvages affamés se collant les uns contre les autres au cœur de la jungle, pour pleurer sur le désert de leur jeunesse. Leurs lamentations s'amplifièrent et se soulevèrent et explosèrent en un cri, un long et ancien cri de douleur qui hurlait leur désespoir ; un cri plus aigu que ce qu'eux-mêmes pouvaient entendre, une force de vie qui les liait les uns aux autres dans le silence. Et dans ce silence, dans leur désir, aucun ne pouvait entendre son propre cri. Et la force de vie griffait, frappait et criait pour son salut. Une femme apparut, un châtiment hideux de chair nue, crue, inconnue, affligée du mal d'étrangeté. Et chacun se rebiffa, se révolta contre la force de son désir. Et elle leur cria dans un sanglot : « Moi ! Moi ! »

« Je te veux », dit-elle, la force et le défi de son corps pressés contre lui.

Dans la légende, leur regard se figea d'effroi, et ils tremblèrent. La créature se replia sur elle-même et la masse malade cria maladivement : « Moi ! » Ils se tenaient là, liés, et ils entendirent un grognement dans le brouillard. Puis une main tremblante de pitié se tendit ; et la toucha.

Angela ouvrit les jambes et lorsque Emmet entra en elle, elle releva les genoux et son corps se dressa vers lui. La tête inclinée vers l'arrière, les yeux fermées, la bouche ouverte en quête d'air, pleine de désir, elle se mit, à travers une fine couche de sueur, à frémir contre lui.

La légende raconte que la main terrifiée se tendit, la toucha. Puis la main se porta à sa bouche, l'embrassa. Puis craintivement sa tête courbée se leva et plongea dans son regard. Ses yeux regardèrent et furent éblouis par la beauté de la jeune femme devant lui. La beauté de son visage, la beauté de ses cheveux, la beauté de son corps, la beauté de ses yeux. Jamais des yeux n'avaient vu telle beauté, jamais des oreilles n'avaient entendu telle beauté, jamais des mots n'avaient prononcé telle beauté. Un printemps bucolique de beauté.

Angela était étendue en silence, et avec une distante tendresse de sainte, elle tenait patiemment le corps toujours haletant d'Emmet.

Dans la légende, ils se souriaient l'un l'autre secrètement. Personne ne savait qu'ils souriaient. Et les yeux du jeune homme disaient à ses amis : regardez comme elle est belle. Mais un rire dément se tordit dans leurs cris, ils se mirent à jouer avec leurs mains, ils changèrent de position, soudain mal à l'aise. Ils ne pouvaient pas voir. Ils les laissèrent.

« Où c'est, chez toi, Emmet ? dit-elle.

— Je n'ai pas de chez-moi.

— Non ? Ça doit être triste.

— Ça m'est égal.

— Paris semble héberger tellement de gens comme toi. Même ses propres enfants, moi par exemple. »

Elle prit la tête d'Emmet entre ses mains et le regarda dans les yeux :

« Il doit y avoir quelqu'un qui t'aime, quelque part ?

— Je ne sais pas. C'est sans importance.

— Vraiment ?

— Est-ce pour cela que nous vivons ?

— Quel blabla, répondit-elle ; c'est ridicule.

— Angela, tu vois l'état de mes vêtements. Tu as vu tout l'argent que j'ai au monde quand j'ai payé mon verre. Il n'existe aucune porte dans ce monde que je ne puisse ouvrir sans invitation ou sans qu'on fasse preuve de tolérance. Que veux-tu que je te dise d'autre ?

— Combien de temps vas-tu passer à Paris ?

— Je vis au jour le jour. Je ne sais pas.

— Et quand tu n'auras plus d'argent ?

— L'Armée du Salut. »

Elle soupira.

« Tu as déjà été dans une telle situation ?

— Je suis né dans une maison du genre. »

Sous lui, elle fit quelques gestes pour se dégager, l'embrassa sur le front.

« Je te sers un verre », dit-elle en se levant.

Il s'assit, se retourna et vint s'appuyer le dos contre la fenêtre de la mansarde. Paris était calme, sauf pour les phares des voitures qui serpentaient dans les rues.

Elle revint et s'accroupit face à lui contre la fenêtre. Il prit le verre et trinqua.

« Je m'assieds souvent ici seule le soir. Je m'y sens en paix. Regarde. Regarde les rues. Elles ont entendu la rage de tant de révolutions et le martellement de tant d'armées. Je peux même me faire croire, certains soirs, que j'entends le hennissement des chevaux des garnisons. Le cri de défi à l'étranger de passage. Et le pas des grands qui ont foulé les pierres de ces rues. »

Emmet la regarda, saisi par la beauté de son langage. Il prit son chandail et le lui offrit.

« Mets-le, Angela. Je ne voudrais pas que tu prennes froid. »

Elle sourit de son sourire tendre, vulnérable.

« Emmet, tu es si, si... si typique d'une excentricité anglaise.

— Ça m'est égal. Je t'aime bien, Angela.

— Si typique. Tu es follement amoureux de moi et tu dis : Je t'aime bien Angela.

— Non, Angela, je ne suis pas amoureux de toi. »

Elle se retourna et regarda par la fenêtre.

« Il est paisible de penser, de réfléchir, Emmet. De regarder les nuages dans le ciel, d'écouter le silence. C'est une nourriture, pour moi, de voir la nuit venir sceller le jour et tous les autres jours passés. Et d'avoir un jeune homme à côté de moi dont le charme exhale le parfum éthéré de la jeunesse. Et d'entendre cette tristesse perdue dans ta voix. C'est pour cela que je te voulais. Les hommes qui parlent avec cette touche de tristesse savent. Ils ne prennent pas une femme avec avidité et suffisance, mais avec la passion du besoin, et la compassion qui vient de l'humilité du besoin. Ils ont connu de nombreuses nuits d'attente dans des villes assoupies. J'ai vu tant d'hommes dans le bar et bien peu comprennent. Ils pensent que tout ce qui importe est de faire rire une femme. Ce sont des hommes d'âge mûr, tellement adultes, et ils ne savent pas distinguer une fille d'une femme.

Ils restèrent assis en silence, chacun attendant le mot qui allait les réconforter et sceller le passé entre eux.

« Dans la mythologie païenne, il y a une légende, Angela, qui prétend que l'amour n'est qu'auto-adulation.

Nous aimons les autres pour ce que l'on voit de nous-mêmes en eux.

— Peut-être ont-ils raison.

— De cette façon, oui, je t'aime.

— Qu'est-ce que tu racontes, Emmet. Ce n'est pas de l'amour, ça, c'est du patriotisme. C'est ainsi que j'aime Paris. »

Elle prit la bouteille et remplit le verre d'Emmet, puis le sien. Du whisky, pur. Ils se regardèrent, le visage presque souriant, les yeux inquiets, remplis de regret.

« Alors, Emmet », fit-elle en portant son verre à ses lèvres et en le buvant jusqu'à ce qu'il soit vide.

Emmet fit de même et elle remplit à nouveau les verres.

« J'ai l'impression, Angela, qu'une série de fins missiles planent au-dessus de nous, de nos têtes, comme des crucifix, consacrant ceux qui sont sur le point de mourir.

— Tu vas me quitter, Emmet ?

— Nous allons nous quitter, Angela. »

Elle sourit, légèrement provocante :

« Maintenant je sais ce que veut dire l'histoire du serpent mangeant sa queue. »

Leur soulagement s'épancha en un rire. Il la regarda, à travers son rire, boire sa dernière goutte de whisky. La bravoure et la splendeur de la dignité d'Angela le rendaient encore plus humble, et à son tour il vida son verre. Elle le regarda tenter de réunir sa dignité à lui et lorsqu'elle se pencha vers lui pour doucement caresser son visage, il parla, et ses mots la firent sursauter.

« J'aimerais être toi, Angela.

— Emmet, tu dis encore n'importe quoi, fit-elle en lui prenant le bras. Tu m'as donné ce que je voulais. Je ne suis pas une gamine qui cherche à t'accrocher un collet de culpabilité au cou. Je sais qu'il n'y a pas de culpabilité en amour, sauf pour ce viol de l'amour que tu appelles patriotisme. Je te voulais. Je voulais te prouver que tu n'avais pas à chercher loin pour trouver quelqu'un qui puisse t'aimer. »

Elle continua dans un flot sans fin de paroles, émettant mot après mot après mot. C'était beau de voir son animation, et il commença à la comprendre.

Elle n'était pas de ces femmes que l'on retrouve cloîtrée derrière des murs de couvent, où les femmes risquent de se trouver face à face avec leur existence si elles ne prient pas ; ni une femme cloîtrée derrière le voile du mariage, où les femmes deviennent aussi ouvertement satiriques que les bonnes sœurs. Angela n'avait aucun voile, aucune façade. C'était là la source de sa dignité et de sa force. C'était là la source de sa tendresse et de son empathie envers les autres. Elle savait comme il serait facile d'entrer dans un mirage et de faire croire qu'il était réel.

« Et toujours, Emmet, la vie m'a portée. Je croyais que je ne serais pas différente des autres. Mais peu à peu, le monde a semblé s'organiser sans moi, et je suis devenue une observatrice. Toutes les pressions qui s'étaient accumulées autour de moi se sont mises lentement à disparaître. J'étais seule. Il me semblait n'avoir jamais eu de passé. Chaque jour était mort tout contre moi, et je me trouvais devant une vie de deuil. J'avais trente ans à cette époque. Et si je disais que je n'avais rien vu venir, ou que je n'y changerais rien si je le pouvais, mes amis me regardaient bizarrement et croyaient que je mentais. Ils se sont mis à changer d'attitude envers moi, puis peu à peu ils m'ont laissée. »

Elle sourit, d'un large sourire éclatant qui annonçait la suite.

« As-tu remarqué en France toutes ces femmes qui portent des vêtements noirs et austères ? Elles trouvent que ça leur va bien. Est-ce la même chose en Irlande ?

— Elles essaient, oui. Mais je ne me rappelle pas vraiment les couleurs. »

Il tendit son verre.

« Il va être trop tard, Emmet. Tu devras dormir ici.

— Je comprends. »

Elle remplit son verre et lui dit :

« Tu vois, cette nuit, tu as fait revivre le passé pour moi. J'aime ça. C'est pour ça que je t'aime bien. »

Il ne sourit pas. Il baissa les yeux et examina le whisky.

« J'ai un billet dans ma poche, Angela. Du mont-de-piété. Qu'est-ce que ça te dit sur mon avenir ?

— Je ne sais pas. Qu'as-tu laissé en gage ?

— Ma valise.

— Et ils l'ont prise ?

— Un type l'a fouillée comme s'il était un inspecteur des douanes et l'a prise.

— Emmet, dit-elle en lui prenant le menton, Emmet, voilà qui en dit beaucoup sur ton avenir. »

Elle parut amusée et ravie à l'idée qu'il eût fortuitement laissé sa valise au mont-de-piété. Il n'y avait là rien de fortuit. Dans ces bureaux officiels de prêt sur gage, on exige des cartes d'identité et des preuves de propriété pour l'objet engagé. Il n'y a rien de fortuit dans le fait de convaincre un fonctionnaire français que votre valise vous appartient bel et bien. Angela était maintenant tordue de rire. Elle prit le verre d'Emmet et en but une gorgée, presque prise de convulsions à essayer de n'en rien renverser malgré son rire.

« Viens te coucher, Emmet, viens te coucher. »

Ils se couchèrent et firent l'amour. Par moments, leurs yeux se rencontraient et aussitôt elle éclatait de rire à nouveau. Son visage finit par se relâcher et il lui sourit enfin. C'était sans importance. Le lit était chaud, propre, accueillant ; Angela était belle et tendre. Dans de telles situations, les humiliations de la vie sont comme les cabrioles d'un clown, dont on doit rire et se réjouir. Quand il ferma les yeux pour dormir, la sérénité d'Angela, sa dignité et son courage, son amour souriant lui apportèrent une joie et un confort qu'il n'avait jamais connus auparavant.

*   *   *

Trois heures plus tard, à cinq heures, elle le réveilla. À moitié endormi, confronté à la froide réalité du matin qui l'envahissait, il se lava du mieux qu'il put dans la cuisine. Mais il avait beau frotter, rien n'allait effacer l'air débraillé de son visage pas rasé. Elle lui offrit un de ses chandails et cela lui donna soudain l'air débonnaire et naturel. Elle compta quelques pièces de monnaie sur la table. Pour le billet de bus, pour le café. Puis elle lui expliqua où aller en ville pour obtenir du travail au noir — non enregistré, non assuré.

« Il te faudra te battre avec eux, Emmet. Cent francs, huit heures, jamais moins, ça ou rien. Et fais-leur comprendre que tu vas t'énerver si on ne te paie pas à la fin de la journée, ou si on te paie moins. Ce sont des gens durs, sans cœur. Tu dois leur faire croire que tu as beaucoup d'amis à Paris. Qu'il ne vaut pas la peine d'essayer de te tromper. Il y en a qui racontent qu'ils ont des contacts dans la police. Tu comprends ? Essaie de te faire des amis et de faire partie d'un groupe avant la fin de la journée. Et fais attention aux espions qui te posent des questions pendant le travail pour voir quels sont tes besoins et si tu es sensible à l'intimidation. Attention aussi au type qui t'engage et à ceux qui semblent avoir des contacts avec lui. Ce n'est que pour quelques jours, après on trouvera mieux. Quand tu rentreras, monte ici directement, ne viens pas au bar. »

Ils burent du café, puis elle l'embrassa et retourna se coucher. Emmet, profondément effrayé, descendit nerveusement l'escalier et sortit dans les rues menaçantes.

La fourgonnette du laitier s'approchait, s'arrêtant à chaque maison dans la rue. Emmet vit Patrice qui en sortait d'un saut pour prestement déposer les bouteilles sur le rebord des fenêtres ou contre les portes. Patrice vit Emmet, il s'arrêta un instant. Ils se retrouvèrent face à face et le visage lascif de Patrice esquissa un sourire. Il plia le bras, le ramena vers son épaule et secoua son poing refermé : « Ahhh..., grommela-t-il en grimaçant, ça fait des mois que j'essaie d'avoir cette salope. »

Emmet le fixa jusqu'à ce que le visage de Patrice se recompose.

« Tu portes bien ton nom, Patrice », dit-il en lançant une des pièces d'Angela à ses pieds :

« Tu te paieras un verre.

— Sale Anglais », répondit Patrice, avant de remonter lentement dans sa fourgonnette et de s'en aller.

Emmet se mit à marcher, puis il s'arrêta et fit demi-tour. Il ramassa la pièce et la glissa dans son soulier comme souvenir. Un jour, peut-être, il dirait à une petite fille radieuse qu'elle est la plus jolie petite fille de Paris. Et que si elle était là, si jolie, c'était parce qu'il avait dansé avec la plus belle femme de Paris quand il avait vingt ans. Il lui donnerait la pièce et ils échangeraient un sourire.

Les rêves de jeunesse sont étranges.

Traduction de Louis Jolicœur

FRANK RONAN

Le Canapé Volant

Frank Ronan est né en 1963 à Wexford. Il a remporté le Irish Times/Aer Lingus Irish Literature Prize pour son premier roman, *The Men who Loved Evelyn Cotton* (1989). Ont suivi les romans *A Picnic in Eden* (1991), *The Better Angel* (1992), *Dixie Chicken* (1994), le recueil de nouvelles *Handsome Men Are Slightly Sunburnt* (1996) et le roman *Lovely* (1996). Ses livres sont traduits en de nombreuses langues. La nouvelle « Le *Canapé volant* » (« The Sticky Carpet ») est tirée du recueil *Handsome Men Are Slightly Sunburnt*.

Ma sexualité tomba au point mort le jour où je le quittai, et peu après je découvrais la nourriture. D'abord je crus qu'il ne restait plus aucun plaisir dans la vie, aucune issue à la douleur. La compagnie des autres n'entraînait que tristesse, l'isolement mettait en miettes le peu de raison qui me restait. La consommation d'alcool ou d'autres drogues transformait mes larmoiements en idées noires. Si Tom ne s'était pas enfermé dehors ce jour-là, les choses auraient pu finir mal. Pour dire vrai, c'en aurait déjà été fini de moi si je n'avais été si apathique.

J'habitais un duplex dont Tom occupait le deuxième. À six heures et quart un jeudi soir, au début d'octobre, il sonna chez moi. C'était la première conversation de plus de trois mots que j'avais avec lui. Il semblait très ennuyé. Il s'excusa de me déranger et me demanda s'il pouvait utiliser le téléphone pour appeler un serrurier.

« Ça me semble un peu exagéré, lui dis-je en le faisant entrer. Vous n'avez pas une autre clé quelque part ? »

Il m'expliqua qu'il en avait une au bureau, mais qu'il ne pourrait la récupérer que le lendemain matin. À l'entendre, sa situation était désespérée.

« Ce n'est pas la fin du monde », dis-je.

Il sourit, embarrassé. C'était un sourire franc. Je lui fis ma proposition sans réfléchir, en réponse à son sourire.

« Vous pouvez passer la nuit ici. Il n'y a que le canapé, mais il est très confortable. Les serruriers sont hors de prix de nos jours. »

Il fit semblant de protester, par politesse, puis il voulut m'inviter au restaurant en retour de mon hospitalité. L'idée d'aller au restaurant me remplit d'un effroi qui serait impossible à expliquer à un étranger.

« Il n'en est pas question, dis-je vivement. Ce ne sera pas nécessaire. »

Il n'y avait rien à manger dans la maison, alors je l'installai devant la télévision avec un verre de whisky et lui dis qu'il fallait que je sorte une minute, priant pour que l'épicerie fine au coin de la rue soit encore ouverte.

Ce fut tout simple. Je lui préparai une soupe au cresson et des sandwiches au bacon. À le regarder manger pendant que je m'affairais devant la cuisinière, je pris soudain conscience que pour la première fois depuis longtemps, j'avais un sentiment de normalité et un début de plaisir sensuel. Le bacon était mince et fumé ; la soupe était d'un beau vert profond. L'odeur qui remplissait l'appartement arrivait même à réanimer mon appétit disparu.

« C'est bien peu de chose », dis-je, sur un ton d'excuse.

Il tenta d'afficher un regard sceptique, mais l'effet que la nourriture avait sur ses traits le fit échouer.

« Délicieux », fit-il.

Le lendemain, je fis du pain ; le jour suivant, ce fut du chutney. Des échantillons en furent envoyés à Tom au deuxième. Il les accepta avec un plaisir rafraîchissant et une maladresse bien compréhensible.

« Ne vous en faites pas, lui dis-je. J'ai longtemps été avec quelqu'un qui ne savait pas apprécier les bonnes choses. Nous nous sommes quittés récemment. Si vous acceptez mes plats, vous me ferez plaisir, croyez-moi. »

Il me demanda son nom. Cela me parut une question étrange.

« Si je ne prononce jamais son nom, un jour j'arriverai peut-être à l'oublier. »

Je voyais ce que pensait Tom : j'étais bizarre, mais sans danger. Cela allait devoir suffire pour le moment. Après ce que je venais de vivre, le fait de paraître sans danger était déjà un compliment.

La semaine suivante, j'avais des amis à dîner. Parmi eux, il y en avait quelques-uns que je n'avais pas vus depuis longtemps. Il y a des limites à l'ennui que vous pouvez imposer aux amis avec vos peines et vos larmes. Or, ce jour-là j'exultais seulement à les regarder manger. J'avais préparé un excellent *steak and kidney pie*. Je tremblais de nervosité au moment de servir et je ne pus rester en place jusqu'à ce qu'on eût déclaré mon plat parfait. Tom était parmi les invités et cela aussi avait contribué à ma nervosité. Mais mes amis le trouvèrent sympathique. Pour la première fois depuis des lustres, la conversation allait bon train dans l'appartement .

Dans la cuisine où j'étais en train de préparer le café, Clarissa me prit à part et me demanda si Tom était mon nouvel amoureux.

« Ne sois pas si vieux jeu, lui dis-je. Ce n'est qu'un voisin. Je ne sais même pas s'il est aux hommes ou aux femmes. »

Je ne fis pas attention à l'air entendu qu'elle afficha. Mais je l'entendis me dire qu'elle était contente de me revoir en bonne forme comme autrefois.

« On croirait que tu viens de ressusciter des morts », dit-elle.

Elle trempa un doigt dans les restes de la mousse aux mûres.

« Délicieux », continua-t-elle.

Peu à peu, année après année, les deux appartements redevinrent une seule maison. Tom et moi étions considérés comme un couple. Il mangeait chez moi et bavardait avec les invités pendant que j'étais à la cuisine. Tous pensaient, à tort, que nous partagions le même lit. Il n'en fit jamais la demande et j'appréciais sa retenue. Nous étions heureux ainsi et, à regarder autour de nous, nous ne pouvions que trouver nos vies plus riches que celles de la plupart des gens.

Le nom de cette autre personne s'estompait enfin, et je pensais de moins en moins à lui. Je l'avais quitté pour sauver ma vie, ou la sienne, parce que nous en étions arrivés à un point où l'un des deux aurait tué l'autre. Au début, c'était à croire que je n'avais pas de vie qui méritât d'être sauvée. Mais peu à peu j'avais cessé de penser à ces choses, pour ne me consacrer qu'au prochain repas. Je me souciais de boudin blanc, pas de bonheur. La nourriture est très fiable. Si quelque chose ne va pas, c'est uniquement votre faute, et rien n'est sans espoir.

Inévitablement, Tom suggérait parfois d'aller au restaurant. Cela me rappelait tous les repas pris au restaurant dans le passé, toutes les conversations difficilement entamées, tous les longs silences éthyliques d'un couple douloureusement amoureux mais mal assorti, ou cette fois où il était tellement saoul qu'il avait vomi sur la nappe et que j'avais dû le traîner sous le regard compatissant du personnel. Cela ne regardait pas Tom.

Je lui dis :

« Je n'ai pas encore trouvé de restaurant où la nourriture est aussi bonne que la mienne. C'est une pure perte d'argent. Tu n'aimes pas ce que je te prépare ? »

Il me fit remarquer que je n'avais pas mis les pieds dans un restaurant depuis des années, que les choses avaient changé.

« Je lis les journaux. Je sais que les prix ont augmenté et que les portions ont diminué et que les serveurs d'aujourd'hui portent des queues de cheval. La nourriture est toujours une question de profit, pas de passion. »

Tout autre que Tom se serait querellé. Il m'aurait dit que je ne connaissais rien à la passion. Il aurait quitté la maison avec fracas et se serait arrêté au premier Burger King venu. Tom, lui, porta sa bouchée de *gnocchetti* à ses lèvres et déclara : « Délicieux. »

J'avais commencé à me demander pourquoi il n'avait plus autant d'appétit le soir. À mon insu, il tramait quelque chose : chaque midi, il explorait les restaurants en quête de celui qui allait répondre à mes exigences. Une semaine avant son anniversaire, je lui demandai quel cadeau il souhaitait recevoir.

« Le *Canapé Volant*, dit-il.

— Le quoi ?

— Je veux t'emmener au *Canapé Volant*. »

Je pensais qu'il s'agissait d'une pièce, ou d'un film, ou peut-être d'un club particulièrement sordide.

« Très bien, dis-je. À quelle heure ça commence ? Mangeons-nous avant ou veux-tu que je prépare quelque chose pour après ? Je pensais faire un canard au chou rouge.

— C'est un restaurant, dit-il. Et tu ne peux plus reculer, tu as déjà accepté. Les anniversaires sont sacrés. »

Cette semaine-là, je cuisinai comme jamais je n'avais cuisiné. Mon travail était en retard et mon éditeur s'en plaignait, mais il y a des choses plus importantes que de corriger les notices nécrologiques du *Telegraph*. Si Tom voulait me prouver quelque chose, j'en étais capable aussi. Les mets du *Canapé Volant* allaient paraître bien fades à côté de ceux qui allaient les précéder.

Tom avait raison. Il avait trouvé le seul restaurant du pays où la nourriture était irréprochable. Mieux encore : excitante. Au début, je fis la moue.

« N'importe qui peut acheter du bon foie gras, dis-je.

— On me dit qu'ils le font eux-mêmes », répliqua Tom.

Pour la deuxième fois de ma vie, je dus concéder la victoire, mais en mon for intérieur seulement. Et cette défaite me procurait un immense plaisir Il me regardait, amusé, choisir les plats les plus hasardeux et invraisemblables (le foie gras était servi sur ce que le menu appelait une « brioche rôtie à la mangue », ce qui ne pouvait qu'être absolument dégoûtant, me semblait-il), et il se mit à rire quand j'en vins à fouiller dans son assiette autant que dans la mienne.

Lorsqu'on nous apporta l'addition, je me sentais si bien que je pus même me réjouir de ne pas avoir à faire la vaisselle. J'étais presque sur le point de dire quelque chose de sentimental, mais je décidai de m'abstenir.

Par un caprice architectural, une porte reliait le vestiaire aux cuisines, et cette porte était percée d'une fenêtre. En attendant que Tom revienne des toilettes, j'y jetai un coup d'œil, tout en mettant mon manteau. Chefs et cuisiniers couraient et s'apostrophaient dans un décor d'acier inoxydable reluisant, et je me réjouissais de voir qu'un fantôme était mort et que j'avais passé toute une soirée sans une seule fois avoir pensé à lui. Il y avait quelque chose de familier dans le visage de l'homme qui lavait les casseroles et, comme je m'y arrêtai de nouveau, il se retourna. C'était lui. Plus corpulent, plus blême aussi, avec ce teint de pâte à tarte que les employés de cuisine finissent toujours par acquérir, mais lui néanmoins.

Je reculai d'un pas pour éviter qu'il ne m'aperçoive, sans savoir ce que j'allais faire ensuite. J'avais vécu pendant des années avec la crainte de le croiser, de voir rejaillir la colère qu'il avait suscitée en moi. Rien ne se passa. Je ne sentis rien. Je regardai à nouveau. Ce n'était qu'un homme triste, anéanti par l'alcool et un emploi avilissant. Une main s'était posée sur mon épaule. C'était Tom.

« On y va ? »

Ma main glissa sur la sienne en sortant et ce fut comme un choc électrique. Je me mis à trembler, je savais que c'était maintenant inévitable. Il me demanda si je me sentais bien, je lui dis que c'était le froid.

De retour à la maison, il semblait prêt à aller se coucher, mais je nous servis un verre. Nous étions assis chacun à un bout du canapé, et je me mis à penser qu'avec toutes les choses que j'avais goûtées au cours des dernières années, j'avais oublié le goût de la chair.

« Tom, dis-je, déshabille-toi. »

Il le fit sans poser de questions, et je le regardai pendant ce qui me sembla un long moment avant que quelque chose ne se passe, comme s'il était encore possible d'y échapper. Il attendit, comme toujours il l'avait fait.

Son corps me parut extraordinaire et je pensai que si je le touchais, il risquerait de se briser. Je n'avais pas la force d'aller plus loin par moi-même.

« Tu devras peut-être m'aider à me déshabiller à mon tour, dis-je, je ne crois pas en être capable. »

Il approcha ses lèvres des miennes.

« Que dis-tu de ça ? »

Je faillis dire que c'était délicieux, mais c'est là un mot pour la fine cuisine, pas pour le désir.

Traduction de Louis Jolicœur

ACHEVÉ D'IMPRIMER
EN JANVIER 1997
À L'IMPRIMERIE D'ÉDITION MARQUIS
MONTMAGNY, CANADA